E-LEARNING
MASTERMIND

Exzellenz ist kein Zufall, sondern …

bildungsinnovator
für wirksame Trainings

Exzellenz ist, ...

... die richtigen Dinge zu tun

... die richtigen Entscheidungen zu treffen

... sich nicht von kurzfristigen Trends verlocken zu lassen

Ein großes Dankeschön an:

Verena Lorenz, Torsten Schölzel, Yvonne de Bark, Laura Grocholl, Marco Holzapfel, Dr. Ina Weinbauer-Heidel, Prof. Dr. Axel Koch, Dieter Lange, Albrecht Kresse und unsere lieben Kolleginnen und Kollegen von der eLearning Manufaktur, die uns jeden Tag helfen, bessere E-Learnings in die Welt zu bringen. Besonders bedanken wir uns bei Ady Riegler und Ingo Dorißen, die diese Buchidee unterstützen.

Inhaltsverzeichnis

EINLEITUNG

Hallo,

ich bin Mirja. Und ich bin Dirk.

Bei uns bist Du richtig, wenn Du ...

- das Thema E-Learning in Deinem Unternehmen von Anfang an richtig anpacken willst,

- bereits gute Kenntnisse hast und nun die ersten E-Learning-Module realisieren möchtest oder

- als E-Learning-Pro noch mehr aus Deinen Ideen, Konzepten und Formaten herausholen willst.

Warum gerade wir die Richtigen für Dich sind? Wir beschäftigen uns seit mehr als 15 Jahren mit E-Learning. In dieser Zeit haben wir durch unsere Projekte, Seminare und Beratungsaufträge eine Menge an Erfahrungen gesammelt. Wie konzipiert und plant man E-Learnings? Wie setzt man sie erfolgreich um? Welche Herausforderungen stellen sich und wo lauern welche Fehler? All diese Fragen beschäftigen uns täglich in unserem Arbeitsalltag in der eLearning Manufaktur.

E-Learning ist in den letzten Jahren richtig groß geworden. Wenn Du in Deinem Unternehmen bereits erste Schritte auf dem Gebiet gemacht hast, wirst Du wissen: Gute E-Learnings erfordern eine ganze Palette an Skills und Tools. Der Aufwand für Planung, Konzeption und Umsetzung ist ähnlich hoch wie bei Präsenztrainings, teils sogar deutlich höher.

Doch keine Sorge, Du wirst das meistern. Wir helfen Dir, ein echtes E-Learning Mastermind zu werden.

Unser Wissen wollen wir kompakt und übersichtlich in diesem Masterkurs an Dich weitergeben. Falls Du Dich wunderst, dass wir das nicht auf elektronische Weise tun: Natürlich gibt es diesen Kurs auch als E-Learning-Format mit Lernvideos.

SO IST UNSER MASTERKURS AUFGEBAUT

Wir starten mit den Grundlagen. Hier geht's um Technik, Standards, die Einbindung des Betriebsrats und die Grundvoraussetzung für die Integration von E-Learning in Dein Trainings-Portfolio, die Strategie. Schließlich soll Dir ja stets klar sein, was Du auf welchen Wegen erreichen willst.

Aufbauend auf diesen Basics beschäftigen wir uns dann mit der Produktion, der Umsetzung. Hier erfährst Du, wie Du spannende Lernformate entwickelst. Und wir zeigen Dir, wie Du ein Markenimage für Euer E-Learning aufbaust. Letzteres dient unter anderem dazu, E-Learning nachhaltig in Deinem Unternehmen zu verankern.

Weil beim Planen und Umsetzen einiges schiefgehen kann, gibt es zum Abschluss eine Auswahl der häufigsten Fehler. Damit Du diese möglichst von Anfang an vermeiden kannst.

Am Anfang jedes Kapitels haben wir die wichtigsten Inhalte kurz zusammenge-fasst. Du siehst also direkt, worum es geht und ob dieser Teil für Dich relevant ist.

WIE DU DIESEN KURS AM BESTEN FÜR DICH NUTZT

Je nachdem, wie tief Du bereits im Thema E-Learning drin bist, empfehlen wir Dir diese drei Wege:

1. E-LEARNING IST NEU FÜR DICH

Wenn Du Dich von Grund auf in das Thema E-Learning einarbeiten willst, solltest Du dieses Buch von A bis Z lesen. Schritt für Schritt lernst Du, wie Du E-Learning in Deinem Unternehmen zu einem Erfolg machst.

2. E-LEARNING IST BEI EUCH BEREITS EINGEFÜHRT

Die wichtigsten Fragen rund um E-Learning sind bei Euch geklärt, nun wollt Ihr ein spannendes Angebot aufbauen. Interessant für Dich könnten zum Beispiel die Kapitel über Produktion sein. Dort erfährst Du, wie Du richtig gute E-Learning-Module entwickelst.

3. E-LEARNING IST LANGE SCHON DEIN DING

Als echter Pro bist Du sattelfest im Thema und immer auf der Suche nach Verbesserung. Wirf einfach einen Blick ins Inhaltsverzeichnis. Wähle die Kapitel aus, die für Dich relevant sind, und arbeite sie durch. Unser Tipp: die Themen Projektablauf und Qualitätskriterien. Ob ein E-Learning gut oder schlecht funktioniert, wird anhand dieser beiden Themen transparent.

Noch ein Tipp für E-Learning-Pros: Hattest Du in letzter Zeit ein Format, das nicht so gut lief? Mit unserem Yummy-Toolkit kannst Du die Schwachstellen finden und Dein Format optimieren. Hol es Dir auf www.yummy-toolkit.com.

JETZT GEHT'S LOS – VIEL SPASS!

Bist Du bereit für eine geballte Ladung Know-how? Dann fang am besten sofort mit dem Lesen und Umsetzen an. Wir wünschen Dir viele Aha-Momente und natürlich viel Freude bei der Lektüre.

Wenn Dir unser Ansatz gefällt und Du Dich noch intensiver mit E-Learning beschäftigen möchtest: Mehrmals pro Jahr kannst Du kostenfrei an unseren Webinaren teilnehmen. Eine tolle Gelegenheit, uns knifflige Fragen aus Deinem Alltag mit E-Learning zu stellen. Wir freuen uns auf Dich.

Einen inspirierenden Masterkurs wünschen Dir

Mirja und Dirk

WARNHINWEIS

ALLES WERBUNG ODER WAS?

Auf den folgenden Seiten werden wir öfters Produkte und Leistungen unserer eLearning Manufaktur erwähnen. Das soll keine Schleichwerbung sein, sondern hat einen guten Grund: Dieser Kurs basiert auf unseren Erfahrungen aus der Praxis. Und in dieser Arbeitspraxis setzen wir eben Produkte und Leistungen unseres Unternehmens ein. Wenn wir Dir also Beispiele aus der Praxis liefern, um Dir etwas zu erklären, wird hier und da ein Produktname fallen. Der Gedanke dahinter: Indem wir eine konkrete Lösung vorstellen, erleichtern wir Dir das Verständnis.

www.eLearning-manufaktur.com

DIE BASICS

WIE E-LEARNING DEFINIERT IST

WELCHE STARKEN VORTEILE ES BRINGT

WORIN DIE DREI WICHTIGSTEN EINSATZMÖGLICHKEITEN BESTEHEN

WIE DU OPTIMAL MIT E-LEARNING STARTEST

WIE DU DEN AUFWAND PRO THEMA SINNVOLL BEMISST

WELCHE VORTEILE E-LEARNING FÜRS

1. GRUNDLAGEN VON E-LEARNING

BLENDED LEARNING HAT

WO E-LEARNING AN GRENZEN STÖSST

WAS DIE GRÖSSTEN CHANCEN UND RISIKEN SIND

WAS IST E-LEARNING?

Beginnen wir mit der großen Frage: Was meinen wir eigentlich, wenn wir von E-Learning sprechen? Vielleicht fällt Dir bei dem Begriff eine dieser Computer-Übungen mit Quiz am Ende ein. Ja, das ist auch E-Learning. Generell handelt es sich bei allen Lernmethoden, die digital bzw. online stattfinden, um E-Learning. Ein paar Beispiele siehst Du hier rechts.

Diese und andere Methoden und Formate wachsen und gedeihen auf dem weiten Feld des elektronischen Lernens. Weil E-Learning lange Zeit mit Web Based Trainings gleichgesetzt wurde, sprechen viele Unternehmen mittlerweile lieber von digitalem Lernen als von E-Learning. Gemeint sind damit alle digitalen Lernformate.

SECHS STARKE VORTEILE VON E-LEARNING

So vielfältig das Thema E-Learning ist, so zahlreich sind auch die Vorteile. Wir geben Dir einfach mal die sechs wichtigsten an die Hand:

DU KANNST ZUVERLÄSSIG DEN WISSENSSTAND TESTEN, AUCH ZEITVERSETZT

In einem Präsenzseminar sind die Teilnehmerinnen und Teilnehmer in erster Linie präsent. „Hat teilgenommen" sagt aber leider recht wenig über den Transfererfolg aus. Anders beim E-Learning. Hier kannst Du sehr zuverlässig testen, ob und was die Teilnehmer gelernt haben. Entweder hängst Du einen Test direkt hinten an die jeweilige Übung an. So findest Du heraus, welches Wissen im Kurzzeitgedächtnis hängen geblieben ist. Oder Du testest den Wissensstand erst nach einer bestimmten Zeitphase, zum Beispiel eine Woche oder 20 Tage später. Reporting-Listen sorgen zusätzlich für Transparenz. Diese Option ist wesentlich nachhaltiger und wertsichernder. Sie erfordert aber auch mehr Mut. Weil sie unbarmherzig ans Tageslicht bringt, ob sich das investierte Budget ausgezahlt hat.

DU SPARST ZEIT FÜR DEIN UNTERNEHMEN

Viele Trainingsthemen in der Organisation erfordern keinen ganzen Seminartag. Mit E-Learning lassen sich solche kleinteiligen Themen viel effizienter vermitteln. Das heißt: Statt Mitarbeiterinnen und Mitarbeiter stundenlang in einem Seminarraum mit Inhalten zu berieseln, lässt Du sie besser eigenständig in kurzen Lerneinheiten lernen. Das schont die Zeitressourcen Deines Unternehmens, und Zeit ist bekanntlich Geld.

3.

DU KANNST NEUES WISSEN SEHR SCHNELL VERBREITEN

Mal angenommen, Du willst Tausende von Menschen in Deinem Unternehmen mit einem neuen Thema vertraut machen. E-Learning ist hierfür viel, viel besser geeignet als Präsenztrainings. Du kannst zu einem bestimmten Zeitpunkt das jeweilige Lernprogramm flächendeckend ausrollen und die Teilnehmer gezielt trainieren. Je schneller Dein Unternehmen lernt, umso besser steht es im Wettbewerb da. E-Learning ist der beste Turbo für das Organisationslernen.

4.

DU SENKST KOSTEN UND ERMÖGLICHST NEUE INVESTITIONEN

Dieser Vorteil ergibt sich aus den bislang genannten: E-Learning hilft Kosten zu senken. Dank geringerem Reiseaufwand, weniger Arbeitsausfällen, schnellerer Wissensvermittlung. Ein einmal produziertes E-Learning kann praktisch von beliebig vielen Lernern genutzt werden – die Kosten fallen nur einmalig an, während bei Präsenztrainings die Kosten mit der Teilnehmerzahl steigen. Dadurch werden die Budgets geschont und Mittel frei für weitere sinnvolle Investitionen Deines Unternehmens.

5. DU VERSCHAFFST DEINEN ZIELGRUPPEN SCHNELLE IMPULSE ZWISCHENDURCH

In vielen Unternehmen haben die Mitarbeiterinnen und Mitarbeiter keine Lust darauf, sich einen Tag oder länger mit Standardthemen wie Zeitmanagement oder Kommunikation/Rhetorik zu beschäftigen. Viel lieber sind ihnen kompakte Lerneinheiten. Sie wollen schnelle Impulse, die sie direkt umsetzen können. Mit E-Learning bietest Du ihnen genau das.

6. DU FÖRDERST DAS SELBSTGESTEUERTE LERNEN

Dank E-Learning können die Lerner selbstbestimmt lernen – und zwar wo, wann und wie sie wollen. Dieses selbstgesteuerte Lernen ist gerade bei kognitiven Inhalten wesentlich effektiver. Für Learning on demand sind digitale Inhalte und Lernformate elementar. Deine Lerner können direkt im „moment of need" lernen und sofort in die Anwendung gehen.

DIE DREI EINSATZMÖGLICHKEITEN

Wofür kannst Du E-Learning im Unternehmen einsetzen? Im Wesentlichen gibt es drei Einsatzfelder:

1. LERNEN AUF VORRAT

Ganz klassisch kann E-Learning dem Lernen auf Vorrat dienen. Das heißt, Dein Unternehmen will sicherstellen, dass ein bestimmter Wissensstand bei den Mitarbeitern vorhanden ist. Hierfür werden dann die gewünschten Lerninhalte trainiert.

2. LEARNING ON DEMAND

Die zweite Möglichkeit ist Learning on demand. Im Vergleich zum Lernen auf Vorrat hat dieses einen großen Vorteil: Vermittelt wird nur das Wissen, das die Teilnehmer aktuell brauchen. Aus der Neurowissenschaft

3. TRANSFER- UNTERSTÜTZUNG

wissen wir, dass diese Lernmethode wirksamer ist als Vorratslernen. Denn wenn der Lerner weiß, dass er den Lernstoff direkt anwenden kann, ist er aufmerksamer und behält das Gelernte besser.

Noch Erfolg versprechender ist das dritte Einsatzgebiet, die Transferunterstützung. Mit E-Learning kannst Du dazu beitragen, dass die Umsetzung des Gelernten in die Praxis gelingt. Trainingsteilnehmer profitieren immens von einer guten Unterstützung. Greife ihnen nach Ende der Präsenztrainings mit Transfer-Apps und guten Konzepten unter die Arme. Du erleichterst ihnen so die Anwendung im Arbeitsalltag. Und du vermeidest, dass – wie so oft – der Großteil der vermittelten Kenntnisse ungenutzt bleibt oder vergessen wird.

Für uns in der eLearning Manufaktur werden die zweite und die dritte Variante immer wichtiger. Unserer Ansicht nach bieten sie ein Riesenpotenzial für Dich und Dein Unternehmen. Der Fokus in der Personalentwicklung liegt zwar immer noch sehr stark auf dem Lernen auf Vorrat. Seit ein paar Jahren ändert sich das aber. Der Ärger über niedrige Transferraten und die Erkenntnisse der Hirnforschung tragen hier zum Umdenken bei. Wir sind überzeugt: Eine intelligente Strategie vereint die drei beschriebenen Varianten.

OPTIMAL MIT E-LEARNING STARTEN

Nehmen wir an, Du willst in Deinem Unternehmen mit E-Learning durchstarten. Mit welchem Thema fängst Du am besten an? Bitte auf keinen Fall mit dem drögen Thema Compliance. Das wäre ein echter Abturner. Konzentriere Dich lieber auf die Auswahl eines spannenden relevanten Themas. Warum ist das so wichtig? Weil auch bei der E-Learning-Einführung der erste Eindruck zählt. Wenn Du mit einem Thema beginnst, das niemanden interessiert, kannst Du gleich einpacken.

Ein wirklich relevantes Thema in Deinem Unternehmen zu finden ist gar nicht so schwer. Halte Dich an den „Kittelbrennfaktor": Wo müsste aus Sicht der Zielgruppe dringend mal was getan werden? Welche Thematik könnte zur Lösung dringlicher Probleme beitragen? Nach welchen Themen ruft die Zielgruppe schon lange? Je interessanter und relevanter das gewählte Thema ist, desto eher wirst Du Deine Kolleginnen und Kollegen für E-Learning begeistern können.

Ob E-Learning bei Euch von Anfang an gut ankommt, hängt auch von einer möglichst niedrigen Tool-Komplexität ab. Denn ehrlich gesagt haben die wenigsten Mitarbeiter Lust auf neue Tools. Es gibt doch schon so viele! Beschränke Dich also bei Deinem ersten E-Learning-Tool auf wenige Funktionen. Je gründlicher durchdacht und übersichtlicher gestaltet das Tool ist, umso besser.

Damit Du mit Thema und Tool punkten kannst, solltest Du die Einführung von E-Learning sauber kommunizieren. Also nicht mittels einer 200-Charts-Präsentation. Oder einer knappen E-Mail. Sondern, der Bedeutung des Themas angemessen, mit einer smarten Kommunikation. Erkläre Deinen Kolleginnen und Kollegen leicht und verständlich die Vorteile von E-Learning. Überzeuge sie mit guten Argumenten vom Nutzen für ihre Arbeit und die persönliche Entwicklung.

Viele HRler unterschätzen diese Kommunikationsaufgabe zum Start von E-Learning. Oder sie scheuen den nötigen Aufwand. Mache es besser und werbe offensiv für die neuen Lernformate. Die Mühe lohnt sich.

DEN AUFWAND PRO THEMA SINNVOLL BEMESSEN

Die Erfahrung lehrt: Wir haben nie genug Zeit. Umso wichtiger ist es also, sie gut zu planen. In welche Themen solltest Du viel Zeit investieren? Und in welche Themen solltest Du möglichst nur ein Mindestmaß an Aufwand stecken? Häufig wird in Unternehmen relativ viel Zeit für relativ unwichtige Themen verschwendet. Man verliert sich im Klein-Klein. Für die übrigen Themen bleibt dann leider, leider kaum noch Zeit. Schade! Wenn Du Zeit, Geld und Energie effizient einsetzen willst, hilft Dir unsere E-Learning-Matrix (siehe nächste Doppelseite) weiter:

- Jedes Thema kannst Du einer der sechs Typ-Kategorien zuordnen.

- Je höher die Kategorie ist, umso anspruchsvoller ist das Thema.

- Für jede Kategorie haben wir die innere Haltung von Lerner bzw. Führungskraft, die Fokusfrage, die empfohlene Dauer und weitere Tipps aufgeführt.

- Du siehst auf einen Blick, wie Du an das Thema herangehen solltest und wie hoch der Aufwand sein sollte.

Das Thema Kartellrecht (Typ 1: Rechtliche Trainings) zum Beispiel spielt für Lerner wie auch Führungskräfte keine große Rolle im Alltag. Das merkt man in der Praxis sofort. Die Teilnehmer wollen schnell zum Test kommen und das Thema für sich abhaken. Dein entsprechendes E-Learning-Format solltest Du daher schlank halten. Getreu dem Motto: schnell, einfach, unkompliziert.

Anders ist es beim Thema Digitalisierung (Typ 6: Kulturtransformation). Dieses Thema wird zwar ebenfalls nicht euphorisch begrüßt, aber es genießt eine hohe Wichtigkeit fürs Unternehmen. Über einen längeren Zeitraum hinweg solltest Du mit vielen leicht verdaulichen Lerneinheiten arbeiten. Den persönlichen Nutzen für den Lerner stellst Du in den Vordergrund, damit die Motivation steigt. Wir empfehlen Dir, Dein Projekt frühzeitig einzusortieren und dann fokussiert umzusetzen. Das wird Dir eine Menge Zeit und Nerven sparen.

SMART-LEARNING-MATRIX

	TYP 1	**TYP 2**	**TYP 3**
KATEGORIE *Beispiel*	Rechtliche Trainings — Kartellrecht	Prozess- und Softwaretrainings — Einführung Software	Fachtraining — Agile Projektmanagement-Methoden
INNERE HALTUNG: LERNER	Das brauche ich nicht für meinen Alltag.	Ich will nur das Nötigste lernen.	Ich will nur das lernen, was mir hilft.
INNERE HALTUNG: FÜHRUNGSKRAFT	Das hat keine Prio bei meiner Führungsarbeit.	Ich will damit keine eigene zeitliche Belastung. Das soll einfach laufen.	Der Mitarbeiter soll so viel wie möglich lernen.
FOKUS-FRAGE	Wie kann man das Training möglichst kurz und schmerzarm für den Lerner machen?	Welche 20 % der Use-Cases machen 80 % der Anwendungshäufigkeit aus?	Was ist nach dem Training im Alltag des Lerners anders als vorher?
KONZEPT-TIPPS	Einfache, klare, praktische Beispiele	Use-Case-basierte Aufbereitung der Inhalte	Berücksichtigung der unterschiedlichen Niveaustufen (adaptives Lernen)
DAUER	15–25 Minuten. Je kürzer, desto besser.	Eher kleinere Module à 4–7 Minuten	15–25 Minuten. Eher mehrere Module
YUMMY-TOOLKIT QUALITÄTS-KRITERIEN	EINFACH, SCHNELL, KLAR	PRAXISNAH, EINFACH, KLAR, MOTIVIEREND	RELEVANT, PRAXISNAH, KLAR, EINFACH
DOS	• Gute Kommunikation • Etwas Provokation • Geistige Brandstiftung	• Aus der Sicht der Lerner heraus formulieren • Reduktion auf die wichtigsten Cases • Inhalte „on demand" abrufbar machen	• Schneller Überblick, worum es geht • An Beispielen veranschaulichen
DON'TS	• Keine Inhalte, die Unsicherheit erhöhen • Kein Fachjargon • Kein Gefühl der Zeitverschwendung erzeugen	• Kein Zwang in der Lerngeschwindigkeit • Vollständigkeitsanspruch aufgrund fehlender Zielgruppenkenntnis	• Nicht zu viel Content. Lieber Vertiefungsoptionen anbieten • Nicht zu viel Fachjargon • Nicht zu viel Text

EINSATZ DES BLENDED-LEARNING BAUKASTENS

	TYP 1	TYP 2	TYP 3
MANAGEMENT SUMMARY	Soll	Soll	Muss
LEARNER JOURNEY	Kann	Soll	Soll
KOMMUNIKATIONSFAHRPLAN	Kann	Kann	Kann
TRANSFERDESIGN TOOLKIT	Nein	Nein	Kann

TYP 4

Produkttraining
Neue Produkteinführung

TYP 5

Verhaltenstraining
Feedback geben

TYP 6

Kulturtransformation
Digitalisierung

Ich brauche so viel, dass ich mich souverän fühle.	Was ist einfach umzusetzen?	Was soll das denn?
Der Mitarbeiter braucht so viel, dass er seinen Job besser macht.	Im Verhalten meines Mitarbeiters muss sich etwas verändern.	Wann sollen wir das denn noch machen?

Welche 20 % der Informationen helfen dem Lerner in seinem Alltag, seinen Job besser zu machen?	Wie kann der Lerner schnell in die positive emotionale Erfahrung des neuen Verhaltens kommen?	Welche Etappensiege brauchen wir auf dem Weg zur neuen Kultur?

Klare Differenzierung zwischen „Have-to-know"- und „On demand"-Content	Den persönlichen Nutzen herausarbeiten inkl. der Konsequenzen des Nicht-Handelns vor Augen führen	Sinn. Sinn. Sinn. Praxisnah und in leicht verdaulichen Häppchen arbeiten, Vorhaben runterbrechen und Bezug zum Lerner herstellen

15–25 Minuten. Eher mehrere Module	3–6 Monate, je nach Thema und Historie	9–18 Monate, je nach Thema und Historie

RELEVANT, PRAXISNAH, HOCHWERTIG	**ALLE**	**ALLE**
• Was machen wir besser als andere? • Welches Produktfeature hilft bei welchem Kundenbedürfnis? • Argumentationshilfen aufzeigen • Den Fokus nicht nur auf das Produkt legen, sondern auf den Anwendungsfall konzentrieren	• Social proof integrieren • Transferdesign nach dem Path-of-Mastery • Persönliches Vorgehensmodell für Verhaltensentwicklung finden	• Persönlichen Nutzen in den Vordergrund stellen • Angst vermeiden
• Vergessen, typische Einwände aufzulösen • Unnötige Wissensberge, die nicht praxisrelevant sind. Fokus auf die 20 %	• Naive Erwartungshaltungen, dass einmal geübtes Verhalten ausreicht • Überbewertung des Seminarerfolges	• Zu viele Buzzwords • Zu viel Unklarheit und Unsicherheit • Nähe zur Basis verlieren • Zu späte oder zu wenig Kommunikation

Muss	Muss	Muss
Soll	Muss	Muss
Kann	Muss	Muss
Kann	Muss	Muss

DIE VORTEILE IM RAHMEN VON BLENDED LEARNING

Blended Learning – sicher klingelt es da bei Dir. In der Personalentwicklung ist das Thema gerade das große Ding schlechthin. Es geht darum, digitales Lernen (E-Learning) und Präsenztraining geschickt zu kombinieren. Und von den Synergien zu profitieren. Die Vorteile beider Formate ergänzen sich prächtig. Sofern man weiß, wie man die Sache richtig anpacken muss.

Die Begeisterung kennt aber Grenzen. Viele Trainer leiden unter einer Allergie gegen Blended Learning. Sie fürchten, Geschäft zu verlieren. Wir in der eLearning Manufaktur sehen die Entwicklung verständlicherweise positiver. Bei uns landen

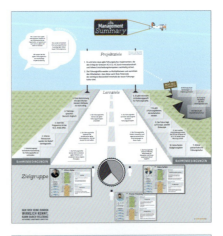

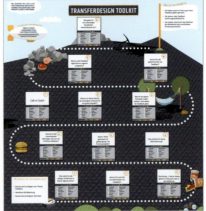

Richtig gutes Blended Learning konzipieren? Diese vier Pinnwand-Poster aus unserem Blended-Learning Baukasten helfen Dir dabei. Mehr dazu auf den Seiten 180, 181 und 182.

immer mehr Aufträge für die Konzeption von Blended-Learning-Programmen. Die erforderlichen Trainings entwickeln wir dabei gleich mit. Die Trainer sind für uns keine Konkurrenten, sondern wichtige Mitspieler.

Welche Rolle spielt nun E-Learning im Rahmen von Blended Learning? Schauen wir uns zwei Einsatzszenarien und die jeweiligen Vorteile an:

MIT E-LEARNING DAS TRAINING VORBEREITEN UND ERGÄNZEN

In diesem Fall werden die wissensvermittelnden Teile des Trainings ins E-Learning ausgelagert. Im Training selbst kann der Trainer sich nun auf praktische Übungen konzentrieren. Er muss nicht länger große Mengen an Lernstoff in die Trainingseinheiten packen. Mehr Zeit für echtes Training also. Mit einem Wermutstropfen für ihn: Die Zahl der Seminartage sinkt. Aus drei Tagen werden nun zwei Tage. Oder sogar nur ein Tag.

Ein weiterer Vorteil ist die Homogenisierung des Wissensstands. Per E-Learning kannst Du dafür sorgen, dass alle Teilnehmerinnen und Teilnehmer zu Beginn des Präsenztrainings auf dem gleichen Stand sind. Weil sie sich mit digitalen Lernformaten individuell auf das Thema vorbereitet haben. Auch das erleichtert übrigens dem Trainer die Arbeit. Dank optimal vorbereiteter Teilnehmer kann er direkt mit ihnen in die Übungseinheiten einsteigen.

NACH DEM TRAINING DEN TRANSFER UNTERSTÜTZEN

Vielen Teilnehmern geht es so: Sie kommen hochmotiviert aus dem Training, voller neuer Ideen und Vorsätze – und dann holt sie die Realität des Arbeitsalltags ein. Meeting hier, Präsentation da. Für den Transfer fehlen ihnen die Zeit und meistens auch die nötigen Kompetenzen.

Mit einer Transfer-App lieferst Du ihnen kleine, schnell umsetzbare Impulse. Die im Training vermittelten Kenntnisse und Fähigkeiten gehen nicht mehr verloren. Sie bleiben frisch und präsent. Dazu gibt es Tipps für die Umsetzung. Denn was nützt das schönste Lerndesign, wenn die Menschen anschließend nicht ins Tun kommen? Nur dann wird wirklich unternehmerischer Wert geschaffen. Die Organisation und der Mitarbeiter selbst profitieren.

„One more thing" für Dich: unser Blended-Learning Baukasten, eine exzellente Konzeptmethode, um richtig gute Blended-Learning-Designs zu bauen. Mehr dazu auf den Seiten 180–182, oder geh auf *www.blended-learning-baukasten.com*.

DIE GRENZEN VON E-LEARNING

Nichts ist unmöglich. Mit E-Learning kannst Du praktisch jedes Thema an die Frau und den Mann bringen. Selbst für so exotische Themen wie Jazz oder Schach gibt es bereits digitale Lernformate. Die Technologie setzt da (fast) keine Grenzen.

Nur eine kleine Schwachstelle dürfen wir nicht vergessen: den Menschen. Wer mit Computer und Internet auf Kriegsfuß steht, wird wenig Freude an E-Learning haben. Wem das jeweilige Thema schnuppe ist, wird kaum die nötige Motivation aufbringen. Und wer kein Feedback erhält, wird nur geringe Lernfortschritte machen. **Zum Glück kannst Du all diese Probleme in den Griff bekommen.**

Fangen wir mit den Technik-Allergikern an. Gerade ältere Mitarbeiter brauchen häufig Nachhilfe in Sachen digitale Technik. Hier bewährt es sich, wenn Vertreter der Generation Y ihnen bei den ersten Schritten helfen. Dank „betreutem Klicken" läuft das Bedienen von Rechner, Tablet oder Smartphone-App dann meist nach kurzer Zeit reibungslos.

Eine wesentlich größere Hürde ist die Frage der Motivation. Wie sagt man doch? Wer will, der kann. Das Wollen muss aber aufseiten der Teilnehmer erst mal vorhanden sein. Der Schlüssel ist auch hier wieder die Kommunikation. Sie muss die Motive adressieren. Die Teilnehmer wollen wissen: Warum ist dieses Lernthema für mich relevant? Wie bringt mich dieses Lernformat weiter? Was habe ich insgesamt davon? Gift für die Motivation sind natürlich didaktisch schlecht aufbereitete Themen. Die Frage des passenden Lernformats, digital oder analog, wird da zweitrangig. Unmotivierte Teilnehmer sind demnach die größte Herausforderung für jeden Entwickler von Lerndesigns.

Der dritte Knackpunkt ist ähnlich knifflig zu lösen: Lerner brauchen die Möglichkeit zur Selbstreflexion. Was läuft bereits gut? Wo hapert es noch? Wie vermeide ich diesen oder jenen Fehler am besten? Gutes Feedback von anderen Lernern oder einem Trainer hilft hierbei. Im klassischen Präsenztraining geht das relativ leicht.

Mit klassischem E-Learning ist das aber nicht gerade einfach zu realisieren. In unsere Transferkonzepte haben wir deshalb die Befähigung des Lerners zur Eigeneinschätzung eingebaut. Wir kommen später darauf zurück.

Du siehst also, es gibt durchaus Einschränkungen beim E-Learning. Diese gelten im Prinzip aber für alle Lernformen – siehe das Thema Motivation des Lerners. Dieser Masterkurs hilft Dir, die passenden Lösungen zu finden.

GRÖSSTE CHANCEN UND RISIKEN

E-Learning bietet Deinem Unternehmen zwei ganz große Chancen: Wissen lässt sich sehr schnell und relativ günstig in der Organisation verbreiten. Außerdem sorgt E-Learning für eine hervorragende Wissensabsicherung. Schauen wir uns beides genauer an.

CHANCE GESCHWINDIGKEIT

Mit kaum einer anderen Methode kannst Du derart hochwertig, kostengünstig und vor allem schnell für eine hohe Multiplikationsdichte sorgen. Das heißt: Du verbreitest sehr effizient wertvolles Wissen in der Organisation, weil ein einmal entwickeltes Lerntool von beliebig vielen Lernern genutzt werden kann. Dein Unternehmen lernt dadurch schneller und gewinnt an Innovationskraft. Denn schlaue Mitarbeiter sind innovativer.

CHANCE WISSENSABSICHERUNG

In der IT eines Unternehmens ist alles doppelt und dreifach abgesichert. Doch wie sieht es bei den wirklichen Wertbringern aus? Sollte nicht auch das Wissen der Verkäufer testierbar sein? Schließlich hängt vom Verkaufserfolg das Wohl und Wehe der Organisation ab. Mit E-Learning kannst Du den Wissensstand zuverlässig testieren und absichern. Alle Verkäufer arbeiten dann auf Basis derselben Standards.

UND DAS RISIKO?

Wo Chancen locken, lauern auch Risiken. Sei Dir bewusst, dass jedes Versäumnis, jeder Misserfolg und jede Panne auf das Image von E-Learning durchschlagen kann. Wenn eine E-Learning-Maßnahme in die Hose geht, wirkt sich das also negativ auf alle weiteren aus. Wir legen Dir deshalb besonders das Kapitel über häufige Fehler ans Herz. Jeder der präsentierten Fehler hat eine toxische Wirkung auf das Ansehen von E-Learning in Deiner Organisation.

Hierzu noch ein Tipp: Im Kapitel über den Aufbau eines Markenimages erfährst Du, warum Imagehygiene so wichtig ist.

UND AB GEHTS MIT
SPANNENDEN THEMEN UND SAUBERER KOMMUNIKATION!

WAS IST E-LEARNING?

• E-Learning sind alle digitalen
  Lernformate

VORTEILE VON E-LEARNING

• Wissensstand testen
• Zeit sparen
• Wissen schnell verbreiten
• Kosten senken
• schnelle Impulse liefern
• selbstgesteuertes Lernen fördern

DREI EINSATZFELDER FÜR E-LEARNING

• Lernen auf Vorrat
• Learning on demand
• Transferunterstützung

OPTIMALER START IM UNTERNEHMEN

• spannendes Thema auswählen
• Toolkomplexität niedrig halten
• Einführung sauber kommunizieren

AUFWAND PRO THEMA
SINNVOLL BEMESSEN

- Relevanz des Themas als Maßstab nehmen
- Tor-A- und Tor-B-Projekte unterscheiden

VORTEILE FÜR BLENDED LEARNING

- Trainings vorbereiten und ergänzen
- Praxistransfer unterstützen
- Grenzen von E-Learning
- Technikaffinität der Teilnehmer
- Motivation der Teilnehmer
- Fähigkeit zur Selbstreflexion

CHANCEN UND RISIKEN

- Chance: Wissen schnell verbreiten
- Chance: Wissen absichern
- Risiko: Misserfolge bedrohen das Image von E-Learning

NUR BLENDED IST BLENDEND

Die HR-Gurus twittern es von den Dächern: Lernen wird komplett digital! E-Learnings gehört die Zukunft und Präsenztrainings sind von gestern! Manche propagieren schon eine „digital only"-Strategie. Das erscheint mir übertrieben. Virtuelles Lernen alleine ist nicht die Lösung. Nach wie vor brauchen wir Präsenzlernen. Also das Üben am praktischen Beispiel, angeleitet von einem versierten Trainer, der direktes Feedback gibt. Wir brauchen den Austausch mit Kollegen und die Diskussion mit Experten. E-Learning kann all das nicht ersetzen. Selbstbestimmtes und angeleitetes Lernen sollten sich vielmehr auf intelligente Weise ergänzen. Worum es tatsächlich geht, ist der richtige Blend, der beste Mix aus Präsenzlernen und virtuellem Lernen. Blended Learning nennen wir das.

Leider funktioniert Blended Learning in vielen Unternehmen noch nicht so gut, wie es eigentlich sollte. Hierfür gibt es mehrere Gründe. Mal existiert unter den Beteiligten kein gemeinsames Verständnis darüber, was Blended Learning ist und was es leisten sollte. Mal fehlt es an einer konsequenten Umsetzung der Strategie. In den meisten Fällen liegt es schlicht daran, dass keine wirkliche Zusammenarbeit zwischen Präsenztrainern und E-Learning-Machern stattfindet. Beide Seiten werkeln vor sich hin und stehen sich bestenfalls nicht im Weg.

Doch heißt Blended nicht, dass sich etwas vermischt? Das strikt getrennte Denken und Handeln von Präsenzlern und Digitalisten erschwert den Lernerfolg des Lerners. Genau deshalb plädiere ich für ein Blended Learning, bei dem alle beteiligten Experten zusammenarbeiten, um den Lerner optimal zu unterstützen. Praktisch bedeutet das, die Präsenztrainer viel stärker als bisher in die Entwicklung von virtuellen Lernformaten und Material für Learning on demand einzubinden. Bislang wissen sie oftmals nicht, wie das E-Learning-Material aussieht. Zugang zur Lernplattform haben sie als Externe in der Regel auch nicht. Zudem sehen viele Trainer im E-Learning eine Bedrohung. Sie sind eher froh, wenn zaghafte Blended-Learning-Versuche scheitern und sie wieder zu altgewohnten Lern–methoden zurückkehren können.

In Zukunft sollten Trainer in unterschiedlichen Rollen glänzen können – ähnlich wie im Fußball. Wir brauchen die Philipp Lahms und Joshua Kimmichs des Blended Learnings. Also Talente, die durchaus in verschiedenen Bereichen spielen können, ob als Außenverteidiger oder Innenverteidiger, ob defensives oder offensives

Mittelfeld. Wir brauchen Trainer, die in der Lage sind, beim Learning-Design mitzuarbeiten, Webinare erfolgreich durchzuführen und spannende Präsenztrainings zu leiten, in denen auch Selbstlernmaterial aktiv genutzt wird. Sie sollten Videos und Aufgaben für die Transferunterstützung produzieren und die Lernenden bei der Umsetzung in Coachings, ob live oder virtuell, unterstützen.

Albrecht Kresse ist Gründer und kreativer Kopf der edutrainment company GmbH in Berlin. Mit seinem Team entwickelt er innovative Blended-Learning-Konzepte für nationale und internationale Unternehmen.

www.edutrainment.com

Das gute alte Präsenzseminar wird es nach wie vor geben. Nur kürzer, knackiger als bisher und mit einem jeweils individuellen Learning-Design. Ganz im Sinne von Blended Learning wird auch im Seminar oder Training mit Selbstlerninhalten gearbeitet. Zum Beispiel bei Flipped-Classroom-Konzepten, die sehr gut mit Learning on demand funktionieren, speziell mit dem Lernkartenkonzept.

Hier vier Tipps, wie Sie in Ihrem Unternehmen eine gute Basis für Blended Learning schaffen:

1. Sprechen Sie nicht nur von E-Learning, sondern auch von Blended Learning.
2. Definieren Sie genau, was Sie mit Blended Learning meinen, und stellen Sie Ihre Strategie in einem kurzen Elevator Pitch vor.
3. Beziehen Sie die Präsenztrainer und E-Learning-Spezialisten gemeinsam in eine Projektgruppe ein. Bei größeren Projekten bilden Sie zumindest eine Fokusgruppe, in der auch Präsenztrainer vertreten sind.
4. Bauen Sie eine Learner Journey, die klar macht, wann welcher Kanal von wem gespielt wird. Ich spreche inzwischen vom Multichannel-Blended-Learning. An welchen Touchpoints werden Ihre Lerner mit welchem Kommunikationskanal, mit welchen Inhalten, von wem und mit welchem Ziel einbezogen? Die Schnittstellen und Übergaben müssen sauber definiert sein. Das sollten Sie überprüfen.

Auf diese Weise stellen Sie sicher, dass der Lerner von einem kompetenten Team aus unterschiedlichen Experten optimal unterstützt wird, um seine beruflichen Aufgaben erfolgreich zu bewältigen. Es kommt auf die richtige Mischung der unterschiedlichen Lernformate an. Denken Sie dran: **Nur blended ist blendend.**

2

FÜR WELCHE AUFGABEN EIN STYLEGUIDE SINNVOLL IST

WIE DU DEN RICHTIGEN SCHREIBSTIL FINDEST

WAS BEIM EINSATZ VON FACHBEGRIFFEN WICHTIG IST

WELCHE BEDEUTUNG DESIGN UND BILDSPRACHE HABEN

WORAUF DU BEI LÄNGE UN

2. STANDARDS & GUIDELINES

UMFANG DER LERNMODULE ACHTEN MUSST

WARUM DIE AUSWAHL DER METHODEN BEWUSST GESCHEHEN SOLLTE

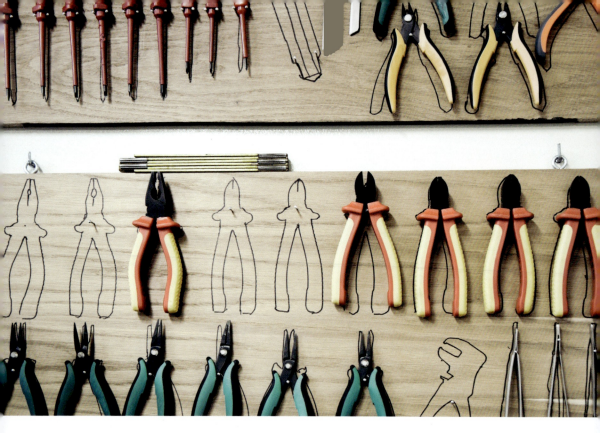

AUFGABEN EINES STYLEGUIDES

Ein Styleguide ist immer dann sinnvoll, wenn Du für Eure E-Learning-Formate einen einheitlichen Qualitätsstandard definieren willst. Ein weiterer guter Grund: Du kannst mit ihm verschiedene bestehende Standards vereinheitlichen.

Hier sind zwei Szenarien:

- Führst Du E-Learning neu in Deinem Unternehmen ein? Mit einem Styleguide schaffst Du eine einheitliche Grundlage für die Produktion der Formate und legst die Einsatzgebiete fest. Wie sollte zum Beispiel der Schreibstil sein? Setzt Ihr bei der Ansprache auf Siezen oder Duzen (wie in unserem Format hier)?

- Ein anderer Fall: E-Learning ist bei Euch bereits etabliert und es arbeiten mehrere Agenturen für Euch. Weichen die produzierten Formate mehr oder minder stark voneinander ab? Auch dann raten wir Dir zu einem Styleguide. Jede Agentur kann sich von nun ab an den definierten Standards orientieren. Euer E-Learning ist jetzt wie aus einem Guss.

DEN RICHTIGEN SCHREIBSTIL FINDEN

Stichwort Schreibstil. So individuell wie Deine Zielgruppe sollte auch die jeweilige Ansprache sein. Schau Deiner Zielgruppe auf den Mund. Wie spricht sie? Ist ein sehr lockerer Ton angemessen? Oder solltest Du eher moderat formulieren? In jedem Fall empfehlen wir eine direkte und persönliche Ansprache. Das kommt immer an. Ob Du dabei das Sie oder das Du wählst, ist Geschmackssache. Wir selbst machen mit der Du-Ansprache durchwegs gute Erfahrungen. Durch sie baust Du schneller Schwellenängste ab, der Ton wird wärmer und persönlicher. Gerade beim teils sehr technischen Thema E-Learning ist das wichtig.

Schreibe gewinnend und lebendig. Eine aktive Sprache mit vielen Verben hilft Dir dabei. Die im Verwaltungsdeutsch beliebten Passivkonstruktionen („... man hat ...") wirken eher unpersönlich und distanziert. Lass sie besser weg. Auch mit sperrigen Substantivierungen („... die Erledigung der Aufgabenlösung liegt beim ...") solltest Du geizen.

Dagegen punktest Du mit Imperativen bzw. Appellen („Aktiviere die Teilnehmer ...") bei Deiner Zielgruppe. Sie fühlt sich direkt angesprochen und ist daher aufmerksamer. Übertreiben darfst Du es aber nicht. Zu viele Appelle hintereinander nerven.

EINSATZ VON FACHBEGRIFFEN

Viele Experten lieben Fachbegriffe. Sie werfen damit um sich. Mache es ihnen nicht nach. Setze Fachvokabular sparsam ein, selbst wenn es noch so toll klingen mag. Auch hier ist es wieder wichtig, dass Du Deine Zielgruppe genau kennst. Sind es vorwiegend Ingenieure? Diese haben mit Fachbegriffen sicher weniger Probleme.

Bei anderen Zielgruppen wirst Du mit Fremdwörtern eher Fragezeichen in den Augen provozieren. Deine Kommunikation verliert an Klarheit. Sie stiftet Verwirrung und Unruhe im Kopf. So ziemlich das Letzte, was Du erreichen willst. Halte Deine Sprache also besser einfach und verständlich.

DESIGN UND BILDSPRACHE

Bei der visuellen Umsetzung Deiner E-Learning-Formate solltest Du Dir ebenfalls grundlegende Gedanken machen. Wie auch beim Schreibstil gilt: Bleib nah an Deiner Zielgruppe. Wie verhält sie sich? Wie sieht sie aus? Was spricht sie an? Wenn Du die richtige Bildwelt finden willst, sind das wichtige Fragen.

EIGENSCHAFTEN DER ZIELGRUPPE SPIEGELN

Mit den falschen Bildern kommunizierst Du an Deiner Zielgruppe vorbei. Sie findet sich einfach nicht im Gezeigten wieder. Zum Beispiel solltest Du chronische Anzugträger nicht mit lässigen Typen in Shorts konfrontieren. Das ist nicht die Businesswelt, in der sie sich bewegen. Orientiere Dich stattdessen an den Eigenschaften Deiner Zielgruppe und spiegele diese visuell wider. Businessmotive müssen ja nicht zwangsläufig langweilig sein!

EIN BILD SAGT MEHR ALS ...

Grafiken kannst Du einsetzen, um komplexe Dinge leicht verständlich zu erklären. Erspare Deiner Zielgruppe lange Textwüsten. Bring den Sachverhalt mit einer knackigen Grafik oder Illustration auf den Punkt. Mehr Worte wollen wir hier auch gar nicht verlieren.

LÄNGE UND UMFANG DER LERNMODULE

Wie viel Text auf einmal und welche Modullänge kannst Du Deiner Zielgruppe zumuten? Auch hier gilt die wohlbekannte Regel: weniger ist mehr. Ein langer Scroll-Text gleich zu Beginn der Übung ist ein Abturner. Verteile den Text besser auf mehrere Ebenen. Oder lagere bestimmte Inhalte in Download-Dokumente aus. Besser kurz und knackig als ausführlich und schwer verdaulich.

Schlank sollte auch der Umfang Deiner Lernmodule sein. Ab 20 Minuten Dauer wird es kritisch. Nur wenn es unvermeidbar ist, solltest Du diese Grenze überschreiten. Maximal 30 Minuten darf eine Einheit in Ausnahmefällen dauern. Überlege Dir, ob Du nicht lieber zwei 15-Minuten-Module draus machst. Oder noch besser drei 10-Minüter. Der Vorteil von E-Learning ist ja gerade die Kurzweiligkeit. Du kannst praktisch jedes noch so komplexe Thema in kompakte Lerneinheiten packen. Statt abendfüllender Hauptgänge servierst Du den Lernern viele kleine Häppchen.

AUSWAHL DER METHODEN

Über die Auswahl von Methoden könnten wir ein ganzes Buch schreiben. Wertvolles Know-how zu diesem Thema findest Du in unserem Blended-Learning Baukasten. Hier aber schon einmal eine Liste der Auswahlkriterien, die uns in unserem Arbeitsalltag immer wieder begegnen und am meisten Einfluss auf die Methodenwahl haben:

- Make or buy? Was kann ich selber machen?

- Kosten

- Eignung zur Erreichung des Lernziels

- Produktionszeit

- didaktischer Anspruch

- Kosten der Internationalisierung

- Kosten von Änderungen

- Akzeptanz beim Lerner

- Neuigkeitswert des Formats

- technische Risiken

- technische Machbarkeit in der Infrastruktur

Es ist wichtig, dass Ihr ein festes Schema entwickelt, nach welchen Kriterien Ihr welche Methode wählt. Sonst bliebe alles am Projektleiter und seinen jeweiligen Präferenzen hängen.

AUFGABEN EINES STYLEGUIDES

- Qualitätsstandards definieren
- bestehende Standards vereinheitlichen

DEN RICHTIGEN SCHREIBSTIL FINDEN

- direkte und persönliche Ansprache wählen
- aktive Sprache statt Passiv- und Substantivkonstruktionen

EINSATZ VON FACHBEGRIFFEN

- zielgruppenspezifisch verwenden
- klare, leichte Kommunikation bevorzugen

DESIGN UND BILDSPRACHE

- Bildwelten müssen zur Zielgruppe passen
- Grafiken machen Komplexes verständlicher

LÄNGE UND UMFANG DER LERNMODULE

- viel Text und lange Moduldauer vermeiden
- komplexe Inhalte in kompakten Einheiten servieren

AUSWAHL DER METHODEN

- für jedes Thema bestimmte Lernmethoden festlegen
- Standards und Guidelines sorgen für einheitliche Verwendung

3

EIN PAAR GRUNDLEGENDE GEDANKEN ZUM THEMA LMS

NACH WELCHEN KRITERIEN DU EIN LMS AUSWÄHLST

WAS DU BEI DESSEN EINFÜHRUNG BEACHTEN SOLLTEST

WIE DU FÜR EINE GUTE DIGITALE LEARNING EXPERIENCE SORGST

WAS DIE WICHTIGSTEN FUNKTIONEN EINES AUTORENTOOLS SIND

WARUM DEINE INHALT

WELCHE KRITERIEN

3. TECHNIK

MOBILFÄHIG SEIN SOLLTEN

EIM KAUF EINES AUTORENTOOLS ZÄHLEN

GRUNDLEGENDE GEDANKEN ZU LMS

Kommen wir zur technischen Umsetzung von E-Learning. Du denkst aktuell über die Einführung eines Learning Management Systems, kurz LMS, nach? Du fragst Dich gerade, welches Autorentool Du nehmen solltest? Dann haben wir ein paar gute Tipps für Dich. Die beiden Themen sind komplett neu für Dich? Auch in diesem Fall wird Dich dieses Kapitel sicher interessieren.

Vielleicht ist Deine erste Frage: Brauche ich überhaupt ein LMS? Aus unserer Sicht lautet die Antwort in der Regel: Ja. Aus Sicht der meisten Lerner sieht die Sache schon wieder anders aus.

Nach unserer Erfahrung will ein Lerner möglichst mit zwei Klicks zur Lösung kommen. Was kann ich lernen? Womit kann ich das lernen? Klick, klick, fertig. So einfach macht es ihm das LMS meistens nicht. Der Grund hierfür: Viele LMS sind überladen mit Funktionen und Features.

Die große Herausforderung für Dich ist also, den Überblick zu behalten. Überlege Dir gut, welche Funktionen für Eure Zwecke sinnvoll sind. Und welche nicht. Ein LMS-Anbieter mag Dir eine Riesenliste an Auswahlmöglichkeiten vorlegen. Die Verlockung ist dann groß, allerlei unnötige Features in das LMS zu packen. Wer weiß, wann man sie mal brauchen könnte. Du aber handelst nach dem allseits bewährten Motto „weniger ist mehr" und beschränkst Dich auf eine übersichtliche Auswahl nützlicher Features.

Überhaupt muss gelten: Usability first! Die Bedienerfreundlichkeit des LMS solltest Du ernst nehmen. Zu oft geht sie im Funktionalitäten-Rausch unter. „Individualisierbares Lern-Cockpit" klingt ja gut und schön. Aber wollen Deine Lerner wirklich mit allen möglichen Features hantieren? Klick, klick, fertig. Davon träumen sie.

Noch ein Hinweis zum Thema Automatisierung von Prozessen. Natürlich ist ein LMS ideal dafür. Doch vorm Automatisieren solltest Du das Standardisieren anpacken. Manches Unternehmen, das über Jahre hinweg mit Excel-Lösungen gearbeitet hat, will alle existierenden 452 Seminarbuchungsvarianten in das LMS packen. Das hat drei negative Folgen: Niemand hat mehr den Überblick. Die Kosten steigen immens. Und es dauert ewig. Besser also vorher ausmisten, sprich standardisierte Abläufe einrichten und so die Zahl der Varianten verringern.

VIER WICHTIGE AUSWAHLKRITERIEN

Auf was kommt es an, wenn Du Dich für ein praktikables LMS entscheiden willst? Hier sind vier wichtige Kriterien:

EINFACHHEIT

Das LMS sollte für Dich wie auch für die Zielgruppen einfach zu verstehen sein. Übersichtlichkeit geht vor! Wenn das neue LMS Dir die Arbeit durch lange Einarbeitungszeiten schwerer macht, läuft etwas schief. Sinn und Zweck eines LMS ist es ja gerade, dass Dir und dem Lerner das Arbeiten und Lernen leichter von der Hand gehen.

USABILITY (AUS LERNER-SICHT)

LMS heißt übersetzt Lernerverwaltungssystem. So sollte ein LMS aber bitte schön niemals auf den Lerner wirken. Wenn es nach Verwaltungssoftware riecht und sich auch so anfühlt, löst das bei vielen Lernern eine Tool-Allergie aus: Sie haben keine Lust auf dröge Technik und arbeiten nur mit Widerwillen damit. Wähle also ein System, das Usability großschreibt und den Lerner anspricht.

KONZENTRATION AUFS WESENTLICHE

Euer neues LMS muss nicht alles können. Wenn es die oben erwähnten 452 Varianten abdeckt, ist es zu komplex, zu unübersichtlich geraten. Es reicht völlig, wenn das LMS Eure wichtigsten Use Cases effektiv und effizient abbildet. Und lass Dir von Eurer IT kein System aufschwatzen, nur weil es „von einem der Marktführer" stammt. Solche Systeme sind oft überdimensioniert.

SYMPATHISCHER DIENSTLEISTER

Gerade in der Einführungsphase, aber auch später, wirst Du oft mit dem Anbieter des LMS zu tun haben. Stimmt die Chemie zwischen Euch, ist das super. Viele Probleme lassen sich dann in einem konstruktiven Gespräch schnell und unkompliziert lösen. Achte also darauf, dass Dir die jeweiligen Menschen sympathisch sind und Du einen guten Draht zu ihnen findest.

Diese vier Auswahlkriterien sind eher weiche Kriterien. Das ist kein Zufall. Wir meinen, Du musst eine gute Bauchentscheidung treffen. Vermeintlich rationale Kriterien fallen Dir sicher genügend ein. Anschaffungspreis, laufende Kosten etc. Sprich doch einmal diese vier Kriterien bei Deinem nächsten Meeting mit der IT-Abteilung an. Und findet heraus, ob Ihr zu einer gemeinsamen Bauchantwort gelangt.

OPTIMALE EINFÜHRUNG EINES LMS

Kommuniziere von Anfang an den Nutzen. Halte den Funktionsumfang übersichtlich. Und stelle hochwertigen Content bereit. Das sind die drei wichtigsten Regeln, wenn Du das LMS im Unternehmen einführst.

Gute Kommunikation ist auch hier wieder das A und O. Diese geschieht auf zwei Ebenen. Zum einen musst Du die jeweilige Führungskraft überzeugen. Wie unterstützt das LMS sie bei der Zielerreichung? Was bringt das LMS ihrem Team? Ohne den Support der Führungskräfte kannst Du gleich einpacken. Zum anderen musst Du die Lerner selbst gewinnen. Ebenfalls mit klarer Nutzenargumentation. Deine Kommunikationskampagne für beide Zielgruppen sollte kein Strohfeuer sein, sondern die gesamte Einführungsphase begleiten.

Beim Funktionsumfang startest Du am besten mit einer Auswahl. Mach es so wie Apple beim iPhone: beim Produktstart wenige Funktionen, die der Kunde schnell begreift, in den Fokus rücken. Später stellst Du nach und nach neue Funktionen vor. Deine Lerner gewöhnen sich schrittweise an das Neue und freuen sich im Idealfall über die Innovationen.

Auch beim Thema Content erwarten die Lerner zum Start etwas Großartiges. Kenne ich schon! Hatten wir erst neulich! Das sollte niemand beim ersten Blick ins neue LMS ausrufen. Stelle also gleich zu Beginn hochwertigen Content bereit, der dem Lerner einen echten Nutzwert vermittelt.

EINE GUTE DIGITALE LEARNING EXPERIENCE SCHAFFEN

Ohne eine hohe Akzeptanz beim Lerner gelingt E-Learning nicht. Sorge deshalb für eine richtig gute digitale Learning Experience, die den Lerner begeistert. Wie Du diese Aufgabe auf der technischen Ebene löst, zeigen wir Dir anhand der drei wichtigsten Lernszenarien.

ADAPTIVES LERNEN AUF VORRAT

Dein Unternehmen will, dass die Lerner einen bestimmten Wissensstand haben. Ein Fehler wäre nun, sie alle über einen Kamm zu scheren. Der eine hat mehr, der andere weniger Vorkenntnisse. Die eine ist flinker beim Lernen, die andere braucht etwas länger. Adaptive Lösungen sind die Antwort. Jeder bekommt die Übungen, die seinem Wissensniveau entsprechen. Und jeder kann in dem Tempo lernen, das zu ihm passt.

LEARNING ON DEMAND

Mit einem smarten Lernangebot, das flexibel und jederzeit griffbereit ist, gewinnst Du den Lerner ebenfalls. Learning on demand ist hier ideal. Mal schnell während einer Wartezeit auf dem Smartphone eine Aufgabe lösen, kein Problem. Mit zwei Klicks zur Antwort, noch besser.

TRANSFERBEGLEITUNG

Mit wenig Aufwand eine gute Transferkette bauen. Wenn Dir das gelingt, überzeugst Du jeden Zweifler. Begleite Deine Zielgruppe über 90 oder 120 Tage nach einer Maßnahme mit vielen wertvollen Umsetzungsimpulsen. Das ist für uns die spannendste Aufgabe von E-Learning: theoretisches Wissen in praktische Handlungen zu verwandeln.

Wenn Du diese drei Szenarien auf hohem Niveau meisterst, steht dem Erfolg von E-Learning in Deinem Unternehmen nichts mehr im Weg.

WICHTIGSTE FUNKTIONEN EINES AUTORENTOOLS

Was leistet ein gutes Autorentool für Dich? Hier die drei wichtigsten Funktionen samt ein paar hilfreicher Tipps:

CONTENT PRODUZIEREN

Die Nutzung sollte Dir und den anderen Nutzern leichtfallen. Verlasse Dich in dieser Hinsicht nicht auf die Versprechen von Vertrieblern. Probiere die Content-produktion mit dem Autorentool selbst aus. Kommst Du schnell damit zurecht? Werden auch technisch weniger versierte Kolleginnen und Kollegen das Tool einfach nutzen können? Die Content Owner Deines Unternehmens werden es Dir danken, wenn das Autorentool möglichst einfach nutzbar ist. Immer mehr von ihnen produzieren selbst Content. Lange Einarbeitungszeiten wären für sie lästig.

FEEDBACK SAMMELN

Das Feedback von Nutzern und Lernern hilft Dir, die Produktion und den Einsatz des Contents zu optimieren. Doch wie einfach und transparent sind die Feedback-Prozesse des Autorentools gestaltet? Wenn Du umständlich mit Word- und PowerPoint-Dokumenten hantieren musst, raubt Dir das eine Menge kostbarer Zeit. Achte also auf schnelle, direkte Feedback-Prozesse.

LERNSZENARIEN UMSETZEN

Im vorangegangenen Abschnitt haben wir drei Lernszenarien vorgestellt: adaptives Lernen auf Vorrat, Learning on demand, Transferbegleitung. Deckt Dein Autorentool alle drei Einsatzfelder ab? Falls nicht, musst Du im Extremfall für jedes Lernszenario ein eigenes Tool einsetzen. Das bedeutet dann meist unterschied-liche Produktionsabläufe, unterschiedliche Feedback-Prozesse etc. Erspare Dir das lieber und setze von Anfang an auf ein flexibles Tool.

Auf www.lernkarten.com findest Du übrigens ein kurzes Erklärvideo zu den drei Lernszenarien.

INHALTE MOBILFÄHIG MACHEN

Laufen Eure E-Learning-Formate auch auf dem Smartphone? Falls nicht, wird es höchste Zeit. Immer mehr Menschen nutzen immer öfter das Smartphone für den Zugriff auf Online-Content. Für Angehörige der Generation Y und die jetzt in den Arbeitsmarkt drängenden Millennials existieren praktisch nur noch jene Webinhalte, die mobilfähig sind. Das wirkt sich auf E-Learning aus: Mobile Learning ist stark im Kommen.

Falls Ihr gerade erst mit E-Learning in Eurem Unternehmen startet, solltet Ihr von Anfang an auf die Mobilfähigkeit der Inhalte achten. Sonst wird es später teuer für Euer Unternehmen. Denn der Umbau von vorhandenen Inhalten in responsive Formate ist aufwendig und kostspielig.

Was bedeutet responsiv? Responsive Formate passen sich dem jeweiligen Gerät an, mit dem sie betrachtet werden. Eine Website zum Beispiel wird auf dem PC wie auch auf dem Smartphone und dem Tablet optimal dargestellt. Das heißt: gut les- und bedienbar.

Wie Du siehst: Responsive Formate kommen auf allen Endgeräten gut rüber.

Übrigens leistet HTML5 das nicht in vergleichbarer Qualität. Mancher Anbieter verspricht zwar, dass seine Anwendung dank HTML5 auch fürs Smartphone geeignet ist. Doch das Ergebnis befriedigt nicht. Text und Grafiken werden meist mikroskopisch verkleinert, man muss extrem ranzoomen, das Handling ist sperrig. Besser also direkt auf responsive Formate setzen.

Unternehmen mit betagten LMS winken oft ab: Unser System ist alt und schafft kein Mobile Learning! Ihnen kann geholfen werden: Wir geben gerne Tipps, wie Mobile Learning trotz altem LMS möglich wird.

SIEBEN KAUFKRITERIEN FÜR EIN AUTORENTOOL

Auf welche Kriterien solltest Du achten, wenn Du ein Autorentool auswählst? Uns fallen da spontan sieben Stück ein:

1. UNTERSTÜTZUNG DES NATÜRLICHEN LESEFLUSSES

Es gibt Tools, mit denen Du Deine Inhalte auf einer Art Bühne in PowerPoint-Manier anordnen kannst. Und es gibt andere Tools, in denen der Content eher klassisch von oben nach unten angeordnet wird. Wir raten Dir eindeutig zur letzteren Variante. Sie unterstützt den natürlichen Lesefluss, wie wir ihn von Websites, Zeitungen, Büchern kennen. Im digitalen Medium kommt hinzu, dass der Lerner eher selten Zeile für Zeile liest. Vorwiegend gleitet sein Blick im Scan-Modus über den Text. Deshalb sind strukturierende Headlines so wichtig. Interessant für mich? Hier lese ich mal rein.

2. DREHBUCHLOSER PRODUKTIONSPROZESS

Manche Tools erlauben es Dir, ohne Drehbuch und Abstimmungsprozesse Deinen Content zu produzieren. Wie das geht, lässt Du Dir am besten einmal von einem Anbieter demonstrieren. Du sparst durch einen drehbuchlosen Produktions-prozess bis zu 30 Prozent an Produktionszeit.

3. INTERNATIONALISIERUNG

Du willst Inhalte mehrsprachig anbieten? Auch hier solltest Du Dir den entsprechenden Prozessbaustein vom Anbieter zeigen lassen. Benchmark für Deinen Pitch ist: Mit zwei, drei Klicks wird die deutsche Version exportiert, übersetzt und wieder importiert. So erzielst Du schnell und günstig eine hohe Qualität in vielen Sprachen.

4. EINSATZ VON LERNSIMULATIONEN

Mit Online-Simulationen kannst Du dem Lerner relativ viel Wissen anhand realer Use Cases vermitteln. Du konfrontierst ihn mit einer herausfordernden Situation, er muss Entscheidungen treffen und erhält direkte Feedbacks. Der Vorteil von solchen Simulationen ist, dass der Lerner in hohem Maße involviert wird und sein neuronales Vorwissen besser nutzt.

5. INTELLIGENTE VIDEO-INTEGRATION

Dein neues Tool sollte Dir natürlich eine leichte und smarte Einbettung von Videos ermöglichen. Schließlich werden Lern- bzw. Erklärvideos immer beliebter. Der Textanteil dagegen sinkt.

6. ABDECKUNG DER DREI LERNSZENARIEN

Das sechste Kriterium kennst Du bereits. Mit dem Tool solltest Du in der Lage sein, alle drei genannten Lernszenarien zu bedienen. Also adaptives Lernen auf Vorrat, Learning on demand und Transferbegleitung.

7. EINFACHE BEDIENUNG

Sollte das Tool schwer zu bedienen sein, musst Du gegebenenfalls jedes kleine Update von Eurer Content-Agentur umsetzen lassen. Das geht ins Geld. Außerdem erschwert Dir eine sperrige Handhabung, Content selbst zu produzieren. Wieder bist Du abhängig vom externen Dienstleister. Achte also auf eine gute Usability.

GRUNDLEGENDE GEDANKEN ZU LMS

- ein LMS ist sinnvoll, sofern es gut gemacht ist
- auf Übersichtlichkeit und Bedienerfreundlichkeit achten
- nur nützliche Funktionen integrieren

VIER WICHTIGE AUSWAHL-KRITERIEN

- auf Einfachheit achten
- für eine gute Usability (aus Lerner-Sicht) sorgen
- auf wesentliche Funktionen konzentrieren
- einen sympathischen Dienstleister wählen

OPTIMALE EINFÜHRUNG EINES LMS

- allen Beteiligten den Nutzen klar kommunizieren
- Einführung durchgehend kommunikativ begleiten
- anfangs den Funktionsumfang begrenzen
- hochwertigen Content bereitstellen

FÜR EINE GUTE DIGITALE
LEARNING EXPERIENCE SORGEN

- Lernen auf Vorrat adaptiv gestalten
- Learning on demand anbieten
- den Transfer wirksam begleiten

WICHTIGSTE FUNKTIONEN EINES
AUTORENTOOLS

- Content produzieren
- Feedback sammeln
- Lernszenarien umsetzen

• INHALTE MOBILFÄHIG MACHEN

- Mobile Learning wird immer wichtiger
- responsives Design sorgt für
  Zukunftssicherheit

SIEBEN KAUFKRITERIEN FÜR EIN
AUTORENTOOL

- natürlicher Lesefluss
- drehbuchloser Produktionsprozess
- einfache Internationalisierung
- Lernsimulationen ermöglichen
- intelligente Video-Integration
- Lernszenarien abdecken
- einfache Bedienung

4

WELCHE ANBIETERVARIANTEN FÜR STANDARDINHALTE ES GIBT

WIE DIE WICHTIGSTEN KAUFKRITERIEN AUSSEHEN

WORAUF ES FÜR EINEN

4. STANDARD-INHALTE

ERFOLGREICHEN LAUNCH ANKOMMT

ANBIETERVARIANTEN FÜR STANDARDINHALTE

In diesem Kapitel geht es darum, wie Du Standardinhalte richtig einkaufst und einsetzt. Beginnen wir mit den Varianten beim Kauf. Je nach Budgetlage und Themenvielfalt entscheidest Du Dich für eine dieser Möglichkeiten:

KAUFLIZENZ

Die beliebteste Kaufvariante, zumindest bei unseren Kunden. Du wählst ein Thema aus, kaufst das Modul und kannst es beliebig lange nutzen, für beliebig viele Teilnehmer. Warum ist diese Variante so beliebt? Die günstigste ist sie nicht. Es liegt vielmehr an der Budgetlage. Viele Kunden wissen nicht, welches Budget sie nächstes Jahr zur Verfügung haben. Also kaufen sie lieber jetzt das Produkt und sind dann auf der sicheren Seite.

PAY PER USE

Hierbei zahlst Du verbrauchsabhängig. Einmal im Monat oder Quartal erhältst Du eine Übersicht, wie oft welches Modul zu welchem Preis gebucht worden ist. Dieses Reporting ist nicht ganz einfach umzusetzen. Teste am besten am Anfang, ob Dein Anbieter es gut im Griff hat. Insgesamt bieten überhaupt nur wenige Anbieter Pay per use an.

BUCHUNG VON EINZELTRAININGS

Du buchst zu einem vorhandenen Training einfach ein oder mehrere Trainingsmodule eines Anbieters hinzu. Das ist zum Beispiel praktikabel, wenn Du eine kleine Zielgruppe mit unter 30 Teilnehmern hast.

FLATRATE PRO JAHR/PERSON

Bei dieser Variante zahlst Du einen Pauschalpreis pro Jahr und Person. Meist gibt es eine Mengenstaffel für den Preis. Mit dieser Flatrate kannst Du dann das komplette Angebot des jeweiligen Anbieters nutzen. Ähnlich wie bei Netflix also.

STANDARDINHALTE KÖNNEN RICHTIG CHIC AUSSEHEN.
BEISPIELE FINDEST DU AUF WWW.ELEARNING-BIBLIOTHEK.COM

WICHTIGSTE KAUFKRITERIEN

Worauf solltest Du beim Kauf von Standardinhalten achten?

INHALTLICHE PASSGENAUIGKEIT

Passt das jeweilige Standardmodul inhaltlich zum Thema und zur Zielgruppe? Praktisch kann in einem E-Learning entweder weniger drin sein, als Du erwartest. Oder der Inhalt übersteigt Deine Erwartungen. Dritte Möglichkeit: Der Inhalt widerspricht dem, was Ihr bislang zum jeweiligen Thema vermittelt habt. Weniger oder mehr Inhalt als erwartet ist in Ordnung. Man kriegt ja nie genau das, was man will. Im dritten Fall solltest Du vorsichtig sein. Wenn der Inhalt nicht zu Euch passt, weil Ihr anders kommuniziert, andere Botschaften habt etc., scheidet solch ein Angebot für Euch aus.

ANPASSUNGSMÖGLICHKEITEN

Bei der eLearning Manufaktur haben wir gelernt: Nur in wenigen Fällen sind unsere Standardmodule für einen Kunden hundertprozentig passend. Deshalb können unsere Kunden mit unserem Autorentool die Module an ihre Bedürfnisse anpassen. Achte also darauf, in Deine Ausschreibungen die Möglichkeit zur Anpassung der Module aufzunehmen. Du profitierst dann vom Preisvorteil eines Standards und bekommst dafür eine flexible Lösung.

LIZENZMODELL

Die verschiedenen Modelle haben wir Dir im vorangegangen Abschnitt vorgestellt.

ZIELGRUPPENORIENTIERUNG

Nicht Dir muss das Standardmodul gefallen, sondern der Zielgruppe. Auch wenn Du die jeweilige Bildsprache liebst – Deine Teilnehmer denken vielleicht ganz anders über sie. Ein Perspektivenwechsel lohnt sich also: Schau Dir die Angebote aus dem Blickwinkel der Zielgruppe an und entscheide dann. Auch eine Testgruppe mit Mitgliedern aus der Zielgruppe kann Dir weiterhelfen.

DIDAKTISCHE QUALITÄT

Nur ein didaktisch überzeugendes Produkt ist ein gutes Produkt. Schlecht gemachte Standardmodule vergraulen die Lerner und kratzen am Image von E-Learning. Sei zum Beispiel vorsichtig bei Trainings, die rein von inhaltlichen Fachexperten entworfen wurden. Oft lässt die Didaktik zu wünschen übrig.

CLEVERER LAUNCH

Nehmen wir an, Du hast einige gute Standardmodule gekauft und stellst sie in Euer LMS ein. Wie finden die Lerner nun den Weg zu ihnen? Ein LMS ähnelt ja einem Industriegebiet: Ohne guten Grund verirrt sich niemand dorthin. Du brauchst also die richtigen Argumente, um Deine Zielgruppen anzulocken. Einfach mal eine Riesenzahl an Modulen einstellen und damit werben, dass man als Lerner dort alles findet, reicht nicht.

Cleverer ist es, wenn Du einem Launch-Plan folgst:

- In Dein Startpaket packst Du ein paar Module mit Wow-Effekt für den Lerner: Tolle Impulse für die Praxis, davon will ich mehr!

- Zwei Wochen später stellst Du zwei, drei Module mit ähnlich hohem Relevanz-niveau ein.

- In den folgenden Wochen und Monaten machst Du in dieser Manier weiter.

Auf diese Weise lernen Deine Teilnehmer mit jeder neuen Ausbauphase, dass da etwas Großes entsteht. Und sie einen hohen Nutzen erhalten. Durch die Aufsplittung des Launchs in viele kleine Schritte hast Du auch viel mehr Kommunikationsanlässe. Du kannst davon ausgehen, dass rund ein Drittel der Teilnehmer die jeweilige Mitteilung nicht erhält. Wegen Krankheit, Urlaub etc. Je öfter Du kommunizierst, umso wahrscheinlicher ist es, dass Deine Botschaften ankommen.

An den Botschaften selbst solltest Du feilen. Mache keine allgemeinen Versprechen, sondern spitze die Aussagen zu. Beispiel: „In sieben Minuten findest Du tolle Ideen zu Zeitmanagement ohne Disziplin." Das klingt knackig und lockt die Lerner ins LMS.

ANBIETERVARIANTEN FÜR STANDARDINHALTE

- Kauflizenz
- Pay per use
- Einzeltrainings zubuchen
- Flatrate pro Jahr/Person

WICHTIGSTE KAUFKRITERIEN

- Passen die Inhalte?
- Sind die Module anpassbar?
- Stimmt das Lizenzmodell?
- Wird der Geschmack der Zielgruppe getroffen?
- Ist die didaktische Qualität hoch?

• CLEVERER LAUNCH

- den Launch in Phasen einteilen
- die Zielgruppen durch hohe Relevanz begeistern
- mit konkreten Versprechen werben

WIRKSAMER TRANSFER IST PLANBAR

Ina, Deiner Ansicht nach gibt es im Trainingsbereich ein gewaltiges Transfer-problem. Ja. Zahlreiche Experten weisen darauf hin, dass viel zu wenig von dem, was im Training gelernt wird, tatsächlich in der Praxis angewandt wird. Gerade mal 10 bis 20 Prozent, so die Faustformel. Der amerikanische Trainingsexperte Robert O. Brinkerhoff beschäftigt sich seit vielen Jahren mit der Messung von Trainingstransfer. Er sagt: Von sechs Teilnehmern wendet nur einer das Gelernte im Alltag an, vier probieren es aus, geben aber schnell auf, und einer versucht es erst gar nicht. Für die meisten Trainer und Personaler ist diese magere Ausbeute nichts Neues. Dennoch passiert viel zu wenig, um die Transferquote zu steigern. Das liegt unter anderem daran, dass die meisten Unternehmen den Transfererfolg kaum oder überhaupt nicht messen. Sie verlassen sich auf Feedback durch Happy Sheets, das hinsichtlich der Transferwirksamkeit wenig aussagekräftig ist.

Was sollten Trainer und Unternehmen tun, um die Transferquote zu erhöhen? Sie sollten den Transfer bewusst steuern, statt darauf zu hoffen, dass er von selbst passiert. Dafür gibt es mehrere Stellhebel der Transferwirksamkeit in der Organisation, im Trainingsdesign und bei den Teilnehmenden. Mit entsprechenden trans-ferfördernden Tools vor, während und nach dem Training lässt sich die Transfer-wirksamkeit deutlich erhöhen. Laut Brinkerhoff auf bis zu 85 Prozent. Von sechs Teilnehmern eines Trainings setzen dann also fünf das Gelernte tatsächlich um.

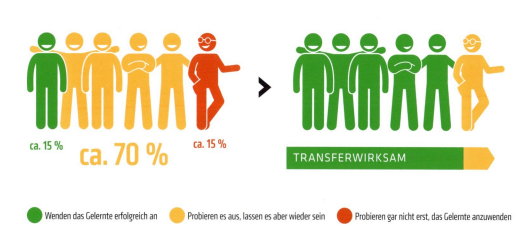

ca. 15 % ca. 70 % ca. 15 %

TRANSFERWIRKSAM

● Wenden das Gelernte erfolgreich an   ● Probieren es aus, lassen es aber wieder sein   ● Probieren gar nicht erst, das Gelernte anzuwenden

Das klingt vielversprechend. Kannst Du uns zwei starke Stellhebel kurz vorstellen? Ein ungemein wichtiger Stellhebel in der Organisation ist die Unterstützung durch Vorgesetzte. Wenn eine Führungskraft sich engagiert und den Lerner bei der Umsetzung unterstützt und diese einfordert, steigt der Transfererfolg signifikant an. Ein zweiter Stellhebel ist die Transferplanung. Wichtig ist hier, dass die Teilnehmer am Ende eines Trainings oder Seminars Transfervorhaben fassen und diese möglichst detailliert planen. Forschungsergebnisse zeigen, dass klare Vorhaben und ein konkreter Plan die Umsetzungswahrscheinlichkeit deutlich erhöhen, um rund das Doppelte.

Wie sieht so eine Transferplanung im Detail aus? Die Trainer sollten 10 bis 20 Prozent der Trainingszeit für die Transferplanung reservieren. Die Teilnehmer brauchen Raum und Zeit, um ihre Ziele zu definieren – und zu präzisieren, durch welche Handlungen sie die Ziele erreichen wollen. Sie formulieren Realisierungsintentionen. Trainings führen ja oft zu einem Motivationsschub bei den Teilnehmern. Am Ende des Trainings ist also der ideale Zeitpunkt, diesen Hype zu nutzen und in einen konkreten Handlungsplan zu verwandeln. Am besten schafft sich der Teilnehmer schon hier eine Struktur, die ihn an der Umsetzung dranbleiben lässt, auch wenn sich die Motivation im Arbeitsalltag langsam wieder verflüchtigt.

Der erste Schritt zur Umsetzung findet optimalerweise schon in den ersten 24 Stunden nach Trainingsende statt – auch wenn es nur ein Mini-Schritt sein mag (zum Beispiel einen Termin mit dem Vorgesetzten zu vereinbaren, bei dem der Teilnehmer vom Training und den dort entwickelten Umsetzungsideen berichtet). Der Trainer sollte die Teilnehmer aber auch vor einer Überforderung bewahren und schnelle Erfolgserlebnisse wahrscheinlich machen. Wenn zum Beispiel jemand 50 Ziele und Transfervorhaben am Trainingsende formuliert, sollte er die 48 unwichtigsten und kompliziertesten davon streichen.

Realisierungsintentionen sind also entscheidend. Was steckt dahinter? Intentionen haben mehrere Vorzüge, die sich positiv auf die Umsetzungswahrscheinlichkeit auswirken. Sie bringen uns in eine realisierungsfreundliche Bewusstseinslage, wir schätzen unsere Erfolgschancen höher ein. Sie bewirken außerdem eine hohe mentale Aktivierung. Wir beschäftigen uns intensiv mit dem intendierten Ziel und dem Weg dorthin. Dadurch entstehen neue Verknüpfungen in unserem Gehirn. Besonders wirksam an Realisierungsintentionen ist, dass die geplante Handlung an eine konkrete Situation geknüpft wird. Wenn der Teilnehmer in diese Situation kommt, wird die Handlung automatisch getriggert. Für die Praxis empfehle ich, sich ein sogenanntes Mottoziel zu setzen und anschließend die konkreten Schritte für die Realisierung festzulegen.

Hast Du ein praktisches Beispiel parat? Wenn jemand abnehmen will, sollte sie oder er sich nicht einfach sagen: „Ich will 10 Kilo abnehmen." Besser ist ein Mottoziel, zum Beispiel die Vorstellung, wie man im Bikini oder in Badehose einen wunderbaren Strand entlangläuft. Dieses Bild löst ein positives Gefühl aus, und genau das braucht man, um ins Tun zu kommen und dranzubleiben. Für die Umsetzung im Alltag plant man dann die konkreten Schritte, die am besten als sogenannte Wenn-Dann-Pläne formuliert

Dr. Ina Weinbauer-Heidel ist Wissenschaftlerin, Speaker, Autorin, Trainerin und Beraterin. Mit dem von ihr gegründeten Institut für Transferwirksamkeit macht sie wissenschaftliche Erkenntnisse für die Praxis nutzbar.

www.transferwirksamkeit.com

sind. Zum Beispiel: „Wenn ich mittags in die Kantine gehe, bestelle ich immer einen Salat." So hat man klar vor Augen, was zu tun ist, und die Situation selbst (die Kantine) erinnert einen an das Vorhaben (Salat bestellen) und triggert es an.

Und das reicht, damit Lerner zu guten „Dranbleibern" werden? Es hilft, aber es reicht nicht. In der falschen Umgebung kommt selbst der willensstärkste Lerner nicht weit. Vor einem Training sollte deshalb überprüft werden, ob es in dieser Organisation überhaupt erwünscht und möglich ist, dass Teilnehmer das Gelernte anwenden. Wenn sie im Burn-Out-Präventionstraining lernen, weniger Überstunden zu machen, aber die Kollegen am Arbeitsplatz es missbilligen, wenn der Teilnehmer den Stift um 17 Uhr fallen lässt, stehen die Chancen für eine nachhaltige Veränderung schlecht. Hier empfehle ich jedem Trainer und jedem Personaler, vorab genau nachzufragen und mutig zu sein. Im Zweifelsfall kann das schon mal heißen: Sorry, ein Training zu diesem Thema ist nicht sinnvoll, da einem wirksamen Transfer die Werte und Normen des Unternehmens im Wege stehen. Hier brauchen wir eine andere Intervention. So schaffen sich Trainer und Personaler einen USP und ein besonderes Image, weil klar ist: Wenn die ein Training machen, dann bringt das wirklich was!

DIE STRATEGIE

WORIN DER SINN UND ZWECK EINER MARKENSTRATEGIE BESTEHT

WAS EIN MARKENKERN IST

WIE DU MIT STÖRENDEN VORBEHALTEN BEI DER MARKENBILDUNG UMGEHST

WARUM KONKRETE NUTZENVERSPRECHEN SO WICHTIG SIND

WIE DU RATIONALE BOTSCHAFTEN

5. E-LEARNING ALS MARKE

EMOTIONALISIERST

WARUM HEADLINES DAS KERNELEMENT JEDER KAMPAGNE BILDEN

WIESO EINE PORTION KAMPFGEIST UNVERZICHTBAR IST

SINN UND ZWECK EINER MARKENSTRATEGIE

Huch, wirst Du vielleicht denken. Warum eine Markenstrategie? E-Learning ist doch eine Methode, kein Produkt. Aber da hast Du leider etwas zu kurz gedacht. Für den Erfolg von E-Learning in Deinem Unternehmen ist eine gezielte Kommunikation und Imagepflege äußerst wichtig. Damit das gelingt, solltest Du E-Learning als Marke sehen, die aufgebaut und gepflegt werden will.

Wenn Du auf eine Markenstrategie für E-Learning verzichtest, regiert der Zufall. In den Köpfen Deiner Kolleginnen und Kollegen verfestigen sich irgendwelche Vorstellungen und Erwartungen. Gute wie schlechte. Jedenfalls nicht unbedingt die, welche Du gerne hättest.

Du möchtest natürlich, dass alle im Unternehmen recht positiv über E-Learning denken. Und mit der entsprechenden Erwartungshaltung Deine Angebote nutzen. Hierfür hilft es, E-Learning als Marke zu betrachten. Die Pflege des Markenimages gehört zu Deinen Aufgaben.

Überlege Dir, welches Image Du etablieren willst. Woran sollen die Lerner denken, was sollen sie erwarten, wenn Sie das nächste Mal das Wörtchen E-Learning hören oder lesen?

Schön wäre doch, wenn sie echte Fans von E-Learning werden. Dafür musst Du aber einiges tun in Sachen Markenstrategie.

Worauf es dabei ankommt, zeigen wir Dir in diesem Kapitel.

DER MARKENKERN

Jede Marke hat einen Kern. Oder genauer gesagt: eine Kernbotschaft, ein Kernversprechen. Dieses Versprechen bringt auf den Punkt, wofür die Marke steht, was sie ausmacht, welchen Nutzen sie der Zielgruppe (den Lernern) bringt.

Kernversprechen Deiner E-Learning-Marke könnte zum Beispiel sein: „Unser E-Learning-Angebot ist der effektivste Weg für persönliche Entwicklung, damit unsere Kollegen die Zukunft der Organisation bauen können."

Diese Aussage bedient mehrere Ebenen, die persönliche Ebene ebenso wie die unternehmerische Ebene. Eure Unternehmenskultur, die Werte und Ziele Deiner Organisation, all das schwingt mehr oder minder explizit bzw. implizit mit.

Wichtig ist, dass all Deine Aktivitäten rund um E-Learning auf das Kernversprechen einzahlen. Es hat also auch strategische Bedeutung. Bei der Formulierung der Markenstrategie solltest Du das Kernversprechen Deiner Marke daher fest im Blick haben.

Wenn Du das Kernversprechen wirklich lebst, teilt sich das früher oder später allen Lernern im Unternehmen mit. Sie spüren dann, dass Euer E-Learning aus einem Guss ist und klaren Prinzipien folgt. Genau das willst Du erreichen. E-Learning wird als gute Marke wahrgenommen.

STÖRENDE VORBEHALTE BEI DER MARKENBILDUNG

Ob Dein Unternehmen E-Learning gerade erst einführt oder es schon seit Jahren praktiziert – ein gewisses Image ist in den Köpfen der Mitarbeiter stets vorhanden. Mit den entsprechenden Konsequenzen. Denn Vorbehalte wirken sich störend auf die Markenbildung von E-Learning aus. Sie können Dir also die Arbeit erschweren. Sofern Du ihnen nicht mit guten Argumenten begegnest. Jeder negative Vorbehalt verdient eine positive Antwort. Im Idealfall löst er sich dann auf.

Unser Rat ist daher: Kehre Vorbehalte nicht unter den Teppich. Lege sie offen und sprich sie aktiv an. Hier zwei Beispiele:

„E-LEARNING BRINGT MIR NICHTS. DAS MEISTE DAVON WEISS ICH SCHON."

Diesen Vorbehalt konterst Du am besten so: „Wir setzen in unseren E-Learnings auf adaptives Lernen. Das heißt, Du kannst passgenau so lernen, wie es Deinem Wissensstand und Deiner Interessenlage entspricht. So sorgen wir dafür, dass Du relevanten Lernstoff findest."

„E-TRAININGS SIND WENIG EMOTIONAL UND SPRECHEN MICH DESHALB NICHT AN."

In diesem Fall könnte Deine Antwort lauten: „Leider können wir aus Budgetgründen nicht jedes Thema hochwertig inszenieren. Wir bereiten aber alle Inhalte so gut auf, dass Du sie effektiv verstehen und lernen kannst. Das hilft Dir, Zeit zu sparen."

So gehst Du vor: Finde heraus, welche Vorbehalte in Deiner Organisation kursieren. Zum Beispiel durch Umfragen, Interviews, Kantinengespräche. Adressiere diese Vorbehalte aktiv. Mit Deiner Argumentation führst Du den Bedenkenträgern den Nutzen von E-Learning vor Augen. Kommunikative Überzeugungsarbeit also! Auf Dauer stärkst Du so Deine Marke. Alte Vorbehalte weichen neuen positiven Ansichten über E-Learning. Deine Kommunikation sollte dabei mehrstufig angelegt sein, damit sie auch wirkt.

KONKRETE NUTZENVERSPRECHEN

Sobald Du den Markenkern sauber formuliert hast, kannst Du die konkreten Nutzenversprechen definieren. Welche Kriterien soll Euer E-Learning-Angebot erfüllen? Auch hier geben wir Dir einmal drei Beispiele:

EINFACHHEIT

Aus unserer Sicht ist das in der heutigen Zeit ein unverzichtbares Versprechen. Bei all der kognitiven Reizüberflutung im Arbeitsalltag solltest Du die Zielgruppe nicht auch noch mit sperrigen E-Learnings nerven. „Wir liefern nur leicht verständliche Lösungen aus", so könnte das Versprechen also lauten. Wenn sich Deine E-Learnings für den Lerner einfach und leicht anfühlen, hast Du viel für das Markenimage erreicht.

GESCHWINDIGKEIT

So wichtig wie die Einfachheit einer Lernlösung ist das Tempo, mit dem der Lerner die Informationen aufnehmen und verarbeiten kann. Zeit ist knapp, jeder sucht nach zeitsparenden Wegen. Geschwindigkeit ist demnach ein wichtiges Qualitätskriterium. Sollte der Lerner das Gefühl bekommen, in Deinen E-Learnings seine Zeit zu vergeuden, ist er weg. Mit dem Versprechen „Wir ermöglichen schnelles, zeiteffizientes Lernen" verhinderst Du das.

INDIVIDUALITÄT

„Wir sorgen für die individuelle Passung der Lerninhalte" wäre das dritte wichtige Versprechen. Dank adaptiven Lernens kannst Du es einlösen. Der Lerner bekommt nur die Inhalte präsentiert, die seine Wissenslücken exakt abdecken.

Das waren drei Nutzenversprechen, weitere sind natürlich möglich. Jedes Versprechen stellt eine Art KPI dar, also einen Qualitätsindikator, mit dem Du Deine Lösungen prüfen kannst. Du hast gerade ein neues Lernprodukt entwickelt? Anhand einer Liste mit den Qualitätskriterien kannst Du checken, inwieweit das Produkt die einzelnen Nutzenversprechen erfüllt.

Wenn Du ein wirklich hochwertiges Angebot aufbauen willst, solltest Du unbedingt Nutzenversprechen formulieren und einhalten. Die Königsklasse des E-Learnings steht Dir dann offen.

RATIONALE BOTSCHAFTEN EMOTIONALISIEREN

Wie formulierst Du Nutzenkommunikation auf der emotionalen Ebene? Das ist eine spannende Frage. Rationale Argumente zielen auf den Verstand. Im Unternehmen werden sie gerne gebraucht, um Entscheidungen zu begründen. Menschen bewerten Argumente aber nicht nur mit dem Verstand, sondern auch emotional. Find ich gut. Gefällt mir nicht. Geht mir auf den Keks.

Bleibe mit Deinen Nutzenargumenten also nicht auf der rationalen Ebene. Sprich auch die emotionale Ebene an. Schaffe ein Bild, über das dann die Emotion entsteht. So kommt Deine Botschaft schneller und besser an.

Sag also nicht einfach: „Unsere neue Lernmethode führt zu einer Zeitersparnis." Das ist viel zu rational und zielt am Lerner vorbei. Sondern lade die Aussage emotional auf durch Ansprache des Lerners: „Wir haben eine neue Lernmethode entwickelt, damit Du mehr Zeit für Deine Aufgaben hast und pünktlich Feierabend machen kannst." Dadurch hat er den persönlichen Nutzen klar vor Augen. Je eindringlicher das Bild, umso besser.

Der Aufbau solcher Aussagen ist immer gleich. Im Hauptsatz nennst Du das Angebot bzw. die Lösung, im Nebensatz beschreibst Du den Nutzen bzw. Effekt für die Zielgruppe. Mit „um" oder „damit" leitest Du den Nebensatz ein. Fertig ist Dein rational-emotionales Nutzenargument.

VORHER

Unsere neue Lern-methode führt zu einer Zeitersparnis.

NACHHER

Mit dieser neuen Lernmethode sparst Du Zeit, damit Du Dich stressfrei ums Wesentliche kümmern kannst.

HEADLINES ALS KERNELEMENT JEDER KAMPAGNE

Worauf springen Menschen an, wenn sie eine Website besuchen, ein Magazin lesen, ein Plakat sehen? Auf Headlines!

Headlines packen uns – oder sie lassen uns kalt. Anhand der Headline entscheiden wir, ob ein Inhalt für uns interessant ist.

Die wichtigste Funktion einer Headline ist es, Aufmerksamkeit zu erregen. Sie muss uns irritieren, sich vom Umfeld abheben. Ihre zweite Aufgabe ist es, Neugierde zu wecken für den Inhalt. Idealerweise weist sie den Leser auf eine Wissenslücke hin, die er nun dringend schließen will.

Für uns sind Headlines deshalb das Kernelement jeder Kampagne. Hier verraten wir Dir ein paar der erfolgreichsten Headlines, die wir in unserer Kommunikation einsetzen:

IHRE PRIVATEN HANDYFOTOS SIND NUN ONLINE EINZUSEHEN.

7 TIPPS, WIE DU SOFORT VON ANDEREN BESSER VERSTANDEN WIRST.

ZEITMANAGEMENT OHNE DISZIPLIN? GEHT!

3 GRÜNDE, WARUM BEDARFSANALYSE SICH UNANGENEHM ANFÜHLT UND WAS DU TUN KANNST.

EIN TIPP AUS DER NEUROWISSENSCHAFT, WIE DU AB SOFORT BESSER ENTSCHEIDEST.

DIE ALTERNATIVE MEDITATION FÜR UNGEDULDIGE.

DIE BESTEN VERKAUFSABKÜRZUNGEN ERFOLGREICHER KOLLEGEN.

3 WERTSCHÄTZUNGSTECHNIKEN, DIE AUCH IN EINEM HEKTISCHEN TAG FUNKTIONIEREN.

EINE PORTION KAMPFGEIST

Bist Du bereit, Dich unbeliebt zu machen? Ohne diese Bereitschaft kannst Du keine gute Kommunikation gestalten. Denn irgendwer wird immer etwas zu meckern haben. Mit einer Kampagne, die aus dem Einheitsbrei herausragt, kannst Du es nicht jedem recht machen.

GUTE KOMMUNIKATION STÖRT IMMER.

Einigen gefällt sie extrem gut, andere bleiben eher neutral, eine mehr oder weniger große Minderheit lehnt sie ab. Deine HR-Kollegen und Du, Ihr müsst also Mut beweisen und Euch auf Kritik und Ablehnung gefasst machen. Euer Kampfgeist ist gefragt! Weichgespülte Kommunikation kann nicht Euer Ziel sein. Damit dringt Ihr nicht bis zur Zielgruppe durch. In der Flut von E-Mails, Postern, Videos etc. würdet Ihr untergehen. Das wäre schade, denn: ohne Aufmerksamkeit keine Markenbildung.

MACHT EUCH AUF GEGENWIND GEFASST.

Auf negative Kritik solltest Du cool reagieren. Mit einer wertschätzenden Antwort, die dem Kritiker die Luft aus den Segeln nimmt.

Zum Beispiel: „Vielen Dank für Ihren Hinweis. Es war natürlich nicht unsere Absicht, dass unsere Kampagne zu Missverständnissen führt. Wir werden uns Ihre Anregungen zu Herzen nehmen und uns bemühen, beim nächsten Mal auf eine ausgewogenere Darstellung zu achten."

Oder so: „Wir bedauern, dass Sie sich persönlich angegriffen fühlen. Bei mehr als 25.000 Mitarbeiterinnen und Mitarbeitern ist es nicht immer leicht, eine Ansprache zu finden, die allen gleichermaßen gefällt. In künftigen Kommunikationskampagnen werden wir versuchen, unseren Anspruch noch konsequenter umzusetzen." Selbstverständlich sind das alles Floskeln. Du besänftigst den Kritiker und machst weiter wie bisher. Mit guter Kommunikation, die auf smarte Weise irritiert und Deine Zielgruppe mobilisiert.

Das Spannungsfeld der Zielgruppe: Gute Kommunikation stört automatisch, weil sie einen Pol bezieht. Wenn ich nicht auffallen möchte, bleibe ich in der Mitte. Wenn ich auffallen möchte, wird es zwangsläufig jemanden stören.

SINN UND ZWECK EINER MARKENSTRATEGIE

- E-Learning als Marke betrachten
- positive Erwartungshaltung beim Lerner aufbauen
- Markenpflege als wichtige Aufgabe

DER MARKENKERN

- klares Nutzenversprechen formulieren
- alle Aktivitäten zahlen auf das Versprechen ein

STÖRENDE VORBEHALTE BEI DER MARKENBILDUNG

- negative Vorbehalte aktiv adressieren
- durch Nutzenargumente entkräften

KONKRETE NUTZENVERSPRECHEN

- Einfachheit: Lösungen sind leicht
- Geschwindigkeit: Zeit sparen
- Individualität: passgenau lernen

RATIONALE BOTSCHAFTEN EMOTIONALISIEREN

- Rationales wird emotional bewertet
- Emotionales kommuniziert besser
- durch Bilder Emotion schaffen

HEADLINES ALS KERNELEMENT JEDER KAMPAGNE

- Aufmerksamkeit schaffen
- Neugier wecken

EINE PORTION KAMPFGEIST

- gute Kommunikation eckt an
- auf Kritik wertschätzend antworten

WELCHE INFORMATIONSPFLICHT DU IN DER EINFÜHRUNGSPHASE HAST

WAS IN SACHEN DATENSCHUTZ ZU BEACHTEN IST

WELCHE TIPPS DU BEI DER KOMMUNIKATION MIT DEM BETRIEBSR

AUF WELCHE RECHTE SICH DER BETRIEBSRAT B

6. THEMA BETRIEBSRAT

EHERZIGEN SOLLTEST

DER EINFÜHRUNG BERUFEN KANN

INFORMATIONSPFLICHT IN DER EINFÜHRUNGSPHASE

Dieses Kapitel ist bitter nötig. Denn in einigen Unternehmen, die wir kennen, hat man das Thema Betriebsrat unterschätzt. Aufwendig und über lange Zeit geplante E-Learning-Einführungen scheiterten. Weil der Betriebsrat den Launch blockierte oder verzögerte.

Deshalb solltest Du von Anfang an alles richtig machen in Sachen Betriebsrat. Übrigens: Auch wir sind da nicht immer sattelfest, deshalb ziehen wir gerne einen Rechtsexperten hinzu, der uns berät.

Viele HRler fragen uns, wann der beste Zeitpunkt sei, den Betriebsrat über die Einführung von E-Learning zu informieren. Unsere Antwort lautet stets: am besten gestern! Überspitzt gesagt meinen wir damit, dass man im Prinzip nicht zu früh informieren kann. Viele Probleme mit dem Betriebsrat liegen darin begründet, dass er sich zu spät informiert und eingebunden fühlt.

Laut Betriebsverfassungsgesetz § 80 müsst Ihr den Betriebsrat „rechtzeitig und umfassend" über Euer Vorhaben informieren. Wann ist rechtzeitig? Grob gesagt: wenn Ihr die ersten Meetings zum Thema E-Learning habt, intern und extern. Etwas schwammig ist das natürlich immer noch. Schließlich können sich die ersten Meetings über einen längeren Zeitraum hinziehen.

Deshalb hier noch eine weitere Daumenregel: Wenn Euer Verhältnis zum Betriebsrat sehr freundschaftlich und kooperativ ist, könnt Ihr die Sache entspannt angehen. Falls Ihr es aber mit einem sehr kritischen Betriebsrat zu tun habt, solltet Ihr wirklich sehr früh auf ihn zugehen.

Wichtig: Auf jeden Fall müsst Ihr den Betriebsrat einbinden, bevor Ihr den ersten Vertrag unterschreibt! Das ist nämlich eine echte Killerfrage des Betriebsrats. Wenn Ihr gefragt werdet, ob es schon einen Vertragsabschluss gibt, und Ihr mit Ja antworten müsst, habt Ihr ein Riesenproblem an der Backe. Verstoß gegen das Betriebsverfassungsgesetz etc.

Also bindet den Betriebsrat so früh und so gut wie möglich ein. Je nach Qualität des Verhältnisses habt Ihr da einen gewissen Spielraum. Aber tut es unbedingt, bevor Ihr den ersten Vertrag mit einem Externen unterzeichnet.

**BINDET DEN BETRIEBSRAT
SO FRÜH UND SO GUT
WIE MÖGLICH EIN.**

WICHTIGES ZUM DATENSCHUTZ

Ja, wir lassen kein heißes Thema aus. Das Thema Datenschutz zählt sicher nicht zu Deinen Lieblingsthemen. Doch Du solltest es ernst nehmen, damit es Dir bei der Einführung von E-Learning nicht als Stolperstein vor die Füße fällt.

Der Betriebsrat hat ein besonderes Auge auf den Datenschutz. Zudem gewinnt das Thema durch die neue Europäische Datenschutz-Grundverordnung (EU-DSGVO) noch einmal an Gewicht: Arbeitgeber müssen hinsichtlich der Transparenz im Umgang mit Arbeiternehmer-Daten deutlich höhere Ansprüche erfüllen.

Auf Deine Arbeit hat das die folgenden Auswirkungen:

- Der Betriebsrat muss informiert werden, welche Daten im Rahmen von E-Learning erhoben und gespeichert werden.

- Die Teilnehmer erhalten umfassende Auskunftsrechte, welche Daten über sie erfasst und gespeichert wurden. Sie können unter anderem falsch erfasste Dateneinträge korrigieren oder löschen lassen.

- Bestehende Betriebsvereinbarungen zum E-Learning müssen aufgrund der neuen datenschutzrechtlichen Anforderungen geprüft und ggf. überarbeitet werden.

TIPPS FÜR DIE KOMMUNIKATION

Wie gehst Du am besten auf den Betriebsrat zu? Genauer: Wie machst Du ihm die Einführung von E-Learning schmackhaft?

Viele HRler argumentieren rein aus ihrer Perspektive und vergessen die Motivlage der Arbeitnehmervertretung. Deshalb beißen sie oft auf Granit. Wir zeigen Dir, wie es besser geht.

HIER ERST MAL DER FALSCHE WEG

Du bist stolz wie Bolle auf Deinen Launch-Plan und erzählst dem Betriebsrat, welch tolle neue digitale Lernmöglichkeiten Du einführen willst. Du überhäufst Deine Gesprächspartner mit technischen Details, führst die Kosten- und Zeitvorteile als wichtige Argumente für den Nutzen an. Doch die Reaktion des Betriebsrats ist kühl bis ablehnend. Wundert Dich das?

SO LÄUFT ES VIEL BESSER

Du beginnst Deine Argumentation mit dem wachsenden Weiterbildungsbedarf der Mitarbeiter. Wie lässt sich dieser Bedarf optimal decken? Die ideale Lösung dafür ist natürlich E-Learning. Denn es bietet viele Vorteile und einen hohen Nutzen für den einzelnen Lerner. Statt über Technik redest Du also über den Mehrwert für den Mitarbeiter. Damit bist Du genau bei den Themen, die den Betriebsrat bewegen. Er will bessere Arbeits- und Entwicklungsbedingungen für die Arbeitnehmer erreichen, Du lieferst ihm die passende Lösung.

RECHTE DES BETRIEBSRATS

Welche Rechte kann der Betriebsrat bei der Einführung von E-Learning geltend machen? Du wirst es ahnen, es sind etliche.

E-Learning ist ein Fall für die betriebliche Mitbestimmung, weil zwei Bereiche berührt werden: die betriebliche Bildung und die technische Einrichtung. Beide Bereiche sind laut Betriebsverfassungsgesetz mitbestimmungspflichtig.

Mit Blick auf die betriebliche Bildung darf der Betriebsrat zum Beispiel bei der Gestaltung von Seminarinhalten mitreden, und zwar in diesen Fragen:

- Wer nimmt am Seminar teil?

- Welcher Trainer führt das Seminar durch?

- Welche Inhalte werden trainiert?

- Wo und wann findet das Seminar statt?

Dieses umfassende Mitspracherecht hat der Betriebsrat nicht nur bei Präsenzseminaren, sondern auch bei E-Learnings. Er wählt zum Beispiel die Anbieter mit aus.

Wenn es um die Einführung einer neuen technischen Einrichtung geht, ist der Betriebsrat ebenfalls mit an Bord. Sobald die technische Einrichtung geeignet ist, das Verhalten und die Leistung von Arbeitnehmern zu kontrollieren, darf er mitbestimmen. Die Eignung zur Leistungskontrolle hat praktisch jedes LMS, jede Lern-App. Euer Betriebsrat wird sich also dafür interessieren, was Ihr mit diesen Tools vorhabt.

Zum Abschluss dieses Kapitels noch zwei Killerthemen, bei denen es oft Ärger mit dem Betriebsrat gibt.

Da ist zum einen das Thema **Zugriffsrechte**. Wer kann sich wann und wo einloggen, um auf Daten der Teilnehmer zuzugreifen? Sehr heikle Frage, wie alles im Bereich Datenschutz.

Zum anderen ist das Thema **Hosting** sehr kritisch. Wo und von wem werden die Anwendungen gehostet? Auch hier geht es wieder um den Schutz der Daten. Mit Cloud-Lösungen, bei denen die Server im Ausland stehen, stößt Du deshalb oft auf Skepsis beim Betriebsrat und der IT.

Insgesamt zählt natürlich, wie erfahren Euer Betriebsrat mit technischen Themen wie Cloud-Hosting ist. Wenn ein solides Verständnis vorhanden ist, wird die Zusammenarbeit vermutlich leichter laufen als bei einem technisch unerfahrenen Betriebsrat.

Experte zum Thema Betriebsrat:
Marco Holzapfel
www.betriebsdialog.de

INFORMATIONSPFLICHT IN DER EINFÜHRUNGSPHASE

- Betriebsrat frühzeitig einbinden
- unbedingt vor dem ersten Vertragsabschluss!

WICHTIGES ZUM DATENSCHUTZ

- gesetzliche Anforderungen steigen deutlich
- Betriebsvereinbarungen ggf. neu aushandeln

TIPPS FÜR DIE KOMMUNIKATION

- Betriebsrat mit Nutzenargumenten abholen
- Mehrwert für Mitarbeiter betonen

RECHTE DES BETRIEBSRATS

- Mitspracherecht in zentralen Fragen
- Zugriffsrechte und Hosting besonders kritisch

SOLL EIN MENSCH WACHSEN, BRAUCHT ER COACHING

Dieter, als Coach arbeitest Du direkt mit dem Menschen. Siehst Du in E-Learning eine Konkurrenz? Überhaupt nicht. Beides hat seine Berechtigung, das Coaching wie auch das E-Learning. Man sollte nur wissen, in welchen Fällen man das eine oder das andere braucht. E-Learning eignet sich aus meiner Sicht ideal für die meisten Standardthemen. Statt ein Fachbuch zu lesen, lernt die Zielgruppe sehr effektiv alles Wissenswerte in einem digitalen Format. Eine brillante Abkürzung nenne ich das, denn es spart Zeit und Mühe.

Doch das Grundproblem bleibt: Menschen haben leider keine Standardprobleme und meist erkennen sie die Probleme noch nicht einmal selbst. Da hilft meistens kein E-Learning. Und nicht jedes Thema lässt sich in ein fixes Korsett zwängen. Dann sind Präsenztraining und auch Coaching gefragt.

In welchen Fällen „passt" E-Learning nicht? Immer dann, wenn individuelle Eigenheiten des Lerners kein standardisiertes Lernkonzept zulassen. Zum Beispiel bei Menschen, denen ohne weitere Unterstützung von außen keine Verhaltens-änderung gelingt. Dies kann der Fall sein, wenn sie stark negative Glaubens-sätze für sich formuliert haben, durch die sie immer wieder in die alten Routinen zurückfallen. Auch auf das Reflexionsvermögen kommt es hier an. Anspruchs-volle Themen, zum Beispiel agile Führung, erfordern ein hohes Maß an Selbstre-flexion des Lerners, damit er die entsprechenden Schlüsse für sich ziehen und sein Verhalten ändern kann.

Wie steht es denn um die Fähigkeit des Lerners zur Selbstreflexion? Offen gesagt ist sie bei den meisten Lernern nicht besonders ausgeprägt. Hier braucht es also einen Coach, der dem Lerner hilft, in Distanz zu sich selbst zu treten und sein Verhalten zu reflektieren bzw. die richtigen Schlüsse zu ziehen. Denken wir an eine Führungskraft, die einen neuen Umgang mit ihren Mitarbeitern erlernen will. Man kann sie zwar zur Reflexion inspirieren, aber der Umgang mit den Erkenntnissen ist dann eine typische Coaching-Aufgabe. Hier muss der Mensch im Mittelpunkt stehen. Der Coach begleitet ihn bei seiner Entwicklung und gibt ihm Feedback. Ein guter Coach findet Blockaden und löst sie gemeinsam mit dem Coachee. Auf dem Weg zur Verhaltensänderung ist er für den Lerner ein Abkürzer.

Dieter Lange ist Geschäftsführer des Instituts für angewandte Kreativität und coacht Vorstände und Direktoren in Europas Top-Unternehmen. Als Trainer leitet er nationale und internationale Führungsseminare. Außerdem tritt er als Keynote-Speaker auf.

Kann man im Umkehrschluss sagen, dass alle Trainings, die nicht auf das Individuum eingehen müssen, durch E-Learning ersetzt werden können? Das ist so. Sobald ich ein Thema auf Folien packen und dem Lerner auf diese Weise vermitteln kann, ist es ein Kandidat fürs E-Learning. Dort geht das viel unterhaltsamer und effektiver. Es gibt ja eine Menge didaktisch durchdachter Lernformate, die hier infrage kommen.

Schlechte Nachrichten für reine Folien-Trainer also. Was rätst Du ihnen? Diese Trainer müssen sich spezifizieren, weg von austauschbaren Grundlagentrainings, hin zu individuellen Trainingsformaten, die gut im Rahmen von Blended Learning funktionieren. Die Grundlagentrainings werden nach und nach durch E-Learning ersetzt werden. Für anspruchsvolle Trainer sind das gute Nachrichten: Sie werden die langweiligen Themen los und können sich auf spannende Stoffe konzentrieren. Mein Rat an die Folien-Trainer: Nicht stehen bleiben, dort wo man ist, sondern nach oben rauswachsen!

Rauswachsen, das klingt sehr organisch. Was meinst Du mit diesem Bild? Ein Unternehmen betrachte ich gerne als einen Baum. Es gibt Themen, die betreffen nur den Stamm des Unternehmensbaums. Andere Themen dringen tiefer, über die Äste und Zweige bis in die Früchte hinein. Je stärker diese Vertiefung, umso mehr kommt der Mensch ins Spiel. Und umso gefragter ist gutes Coaching. Ein Coach verbindet das, was nötig ist, mit dem, was wünschenswert ist. So entsteht eine nachhaltige Energie für den Transformationsprozess.

DIE UMSETZUNG

WESHALB PROJEKTZIELE KLAR DEFINIERT SEIN MÜSSEN

WIE DU RAHMENBEDINGUNGEN IDENTIFIZIERST

AUF WELCHE WEISE DICH PERSONAS WEITERBRINGEN

WARUM EMOTIONEN SO WICHTIG SIND

WESHALB DU DICH AN LERNZIELE

7. PROJEKTABLAUF

RIENTIEREN SOLLTEST

WIE DU DIE RICHTIGEN METHODEN AUSWÄHLST

WARUM DU EINE STARKE KOMMUNIKATION BRAUCHST

SIEBEN SCHRITTE ZUM PROJEKTERFOLG

Glückwunsch! Du hast bereits einiges über E-Learning gelernt. In den Grundlagen und der Strategie bist Du jetzt einigermaßen sattelfest. Nun geht's an die Umsetzung. Natürlich brennst Du darauf, Deine ersten E-Learning-Module zu produzieren.

Damit Du in dieser Phase lässig jede Hürde meisterst, haben wir in der eLearning Manufaktur das Yummy-Toolkit entwickelt, den ersten Qualitätsstandard für Trainings. Yummy? Ja, es geht um sehr leckere Sachen. Nämlich wirksame Trainings, die Deiner Zielgruppe wirklich schmecken. Mit dem Toolkit stellst Du sicher, dass jedes Gericht, sprich E-Learning gelingt.

In sieben Schritten arbeitest Du Dich zum Projekterfolg vor. Jeden Schritt stellen wir Dir in den folgenden Abschnitten ausführlicher vor. Hier noch ein paar Erklärungen vorweg:

Stell Dir den Weg zum Projekterfolg so vor, dass Du sieben Ebenen durchschreiten musst. Jede Ebene baut auf der vorherigen auf. Wenn Du auf einer Ebene Probleme hast oder sie überspringst, wird das auf der folgenden Ebene für noch größere Schwierigkeiten sorgen. Falls Du etwa bei der Definition der Projektziele schluderst, vermasselt Dir das alle weiteren sechs Schritte.

Das ist so wie beim Kochen: Geht bei einem der Zubereitungsschritte etwas schief, misslingt das ganze Essen und Du wirst am Ende kein „Yummy!" von Deinen Gästen hören.

Das Yummy-Toolkit kannst Du Dir auf www.yummy-toolkit.com bestellen. Probiere es doch einmal aus und analysiere damit ein älteres Projekt, das nicht so gut gelaufen ist. Das ist eine gute Übung für den Umgang mit dem Toolkit bei künftigen Projekten.

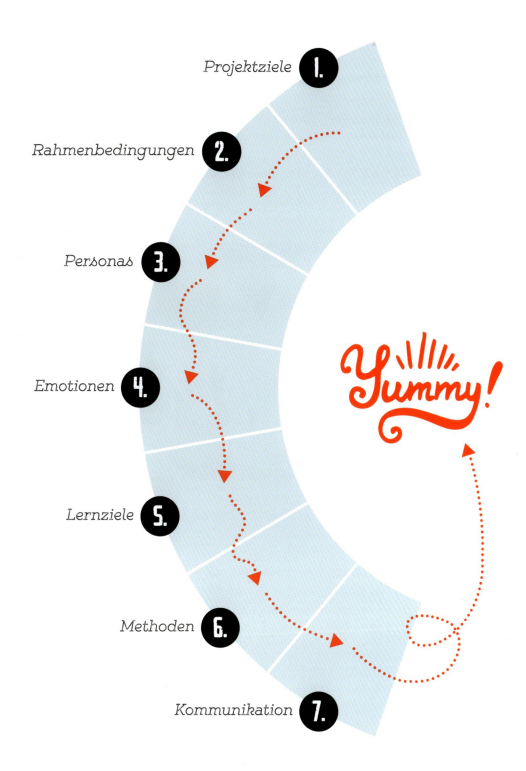

Projektziele **1.**

Rahmenbedingungen **2.**

Personas **3.**

Emotionen **4.**

Lernziele **5.**

Methoden **6.**

Kommunikation **7.**

Yummy!

1. PROJEKTZIELE DEFINIEREN

Dies ist der erste Schritt, den Du tun solltest.

Stress, Reibungen, Konflikte im Projekt? Meist liegt das daran, dass nicht alle Beteiligten die gleichen Ziele vor Augen haben. Schlimmstenfalls verfolgt jemand überhaupt kein Ziel und schießt wahllos quer. Eine klare Zieldefinition, die von allen geteilt wird, hilft Dir bei Deinem Projekt also enorm weiter.

Du musst Dir das so vorstellen wie bei einer Verabredung mit Freunden. Ihr wollt in einem angesagten Restaurant zusammen essen. Dafür vereinbart Ihr eine Uhrzeit und einen Treffpunkt, nämlich die Adresse des Restaurants. Das sind die Zielkoordinaten Deines Projekts „Abendessen mit Tom, Tim und Tina". Sie sind glasklar und eindeutig. Dein Auto oder Dein Smartphone findet praktisch alleine hin.
Was wäre, wenn jeder Deiner Freunde andere Zielkoordinaten hätte? Ihr würdet niemals zur selben Zeit am selben Ort landen.

Was lernen wir daraus? Kläre zuerst mit allen Projektbeteiligten die Frage: Wo wollen wir hin bzw. was soll nach unserer Maßnahme im Alltag des Lerners anders sein als vorher?

Gerade am Anfang wird Dir eine klare Zielbeschreibung vielleicht nicht direkt gelingen. Einigen unserer Kunden geht das genauso. Sie formulieren schwammige Ziele, bleiben abstrakt, kommen nicht auf den Punkt. Ihnen machen wir dann Vorschläge, wie sie die Zieldefinition schärfen können. Hier zwei Beispiele:

Die Kundenversion

„Der Lerner soll die E-Learnings zu den Produkten abgeschlossen haben."

Unser erster Vorschlag (schon wesentlich präziser):

„Der Lerner soll die wichtigsten Inhalte zu den Produkten gelernt haben und kann im Bedarfsfall alle weiteren Informationen mit zwei Klicks nachschlagen."

Unser zweiter Vorschlag (schafft ein klares Bild im Kopf):

„Der Lerner soll die sieben wichtigsten Produktinformationen nachhaltig verankern, um sie in Verkaufsgesprächen jederzeit parat zu haben."

Die Kundenversion

„Alle Führungskräfte sollen ein Selfcoaching-Tool bekommen."

Wieder eine Zielbeschreibung, die weder Fisch noch Fleisch ist. Unsere drei Vorschläge orientieren sich an diesem Ziel, setzen aber jeweils einen klar definierten und differenzierten Schwerpunkt. Inhaltlich, technisch und prozessual sähe die Umsetzung jeder dieser Ziele total anders aus.

Unser erster Vorschlag:

„Der Lerner soll zu seinen wichtigsten Herausforderungen einen geführten Coaching-Prozess erhalten."

Unser zweiter Vorschlag:

„Der Lerner soll mit einem generalisierten Coaching-Prozess möglichst viele seiner Herausforderungen meistern können."

Unser dritter Vorschlag:

„Der Lerner soll ein reichhaltiges Methodenbuffet bekommen, damit er eine breite Auswahl an Optionen für seine persönliche Entwicklung hat."

Unsere Empfehlung: Mach mit Deinem Projektteam einen kleinen Qualitätscheck. Erst schaut Ihr Euch die Projektziele an, ohne sie zu erklären, dann schreibt jeder für sich in ein paar Sätzen auf, was er darunter versteht. Anschließend legt Ihr die Texte nebeneinander und vergleicht: Welche unterschiedlichen Auslegungen gibt es? Welche Version entspricht Eurer gemeinsamen Sicht auf das Projekt am ehesten? Faustregel: Je ähnlicher die Versionen einander sind, umso besser das Projektziel. Mit dieser Übung schärfst Du das Bewusstsein für eine klare Zielformulierung und das Projektziel selbst. Denn am Ende der Übung seid Ihr in der Lage, Euch auf eine verständliche Zielformulierung zu verständigen.

2. RAHMENBEDINGUNGEN IDENTIFIZIEREN

Nun folgt der zweite Schritt. Ehrlich gesagt ist es mehr als ein Schritt. Denn das Thema Rahmenbedingungen wird Dir im Projektverlauf noch häufiger begegnen. Selten sind Dir zu Anfang alle relevanten Rahmenbedingungen bekannt. Während des Projekts tauchen meist weitere von ihnen auf. Das wirkt sich dann natürlich auf den Projektverlauf aus.

Rahmenbedingungen können wahre Ideenkiller sein. So manch schöne Idee musst Du begraben, weil die Rahmenbedingungen ihre Realisierung nicht zulassen. Deine Zeit reicht nicht. Oder den Lernern steht nicht genug Zeit zur Verfügung. Oder das Geld für den Einkauf externer Leistungen ist nicht da.

Kommen wir zu einer weiteren Situation, die Dir passieren könnte. Du hast fleißig Rahmenbedingungen identifiziert und aufgelistet. Alle Einflussfaktoren erfasst, Haken dahinter! Bei genauerer Betrachtung der Liste beschleicht Dich jedoch ein dummes Gefühl: Von wegen innovativ werden und ganz neue Lernwege gehen! Bei diesen Rahmenbedingungen kommt doch wieder nur kalter Kaffee bei raus.

Ja, das kann Dir passieren. Aber statt gefrustet zu sein und ins Jammern zu verfallen, machst Du lieber konstruktiv weiter. Bei ernüchternden Rahmenbedingungen sammelst Du diese zunächst und legst sie dann beiseite. Warum? Kaum etwas lähmt Dich im kreativen Prozess mehr, als limitierende Rahmenbedingungen im Hinterkopf zu haben. Erst nachdem Du richtig coole Ideen gesammelt hast, überlegst Du Dir, welche von ihnen Du angesichts Deiner Rahmenbedingungen umsetzen kannst. Den einen oder anderen schmerzhaften Abstrich wirst

Du leider machen müssen. Unser Tipp: Indem Du neue Ansätze im Windschatten eines „Vorstandsbabys" umsetzt, kannst Du verkrustete Rahmenbedingungen am besten sprengen.

3. PERSONAS BESCHREIBEN

Der dritte Schritt ist sehr spannend. Es geht um Personas. Du weißt noch nicht, was damit gemeint ist? Dann frag mal Deine Kolleginnen und Kollegen im Marketing. Sie arbeiten höchstwahrscheinlich schon seit Jahren mit Zielgruppenrepräsentanten. Um solche handelt es sich bei Personas nämlich.

Eine Persona verkörpert eine Zielgruppe bzw. einen Anteil Deiner Zielgruppe. Sie steht also stellvertretend für eine bestimmte Art von Teilnehmer, die Du mit Deiner Maßnahme erreichen willst.

Mit dem Persona-Modell verschaffst Du Dir Klarheit über die Zusammensetzung Deiner Zielgruppe. Du weißt besser, welche Bedürfnislagen vorhanden sind und wie Du in Deiner Kommunikation die Nutzenargumente ausrichten solltest.

Klingt noch etwas theoretisch? Dann lass uns loslegen mit einem praktischen Beispiel. Hier sind drei Personas aus dem Führungskräftebereich:

MAX MITTENDRIN

Max ist mittleres Management. Das heißt, er kriegt Druck von oben und Stress von unten. Armer Max!

FLORIAN FRISCHLING

Florian ist seit knapp sechs Monaten Führungskraft. Für ihn ist alles neu, jede Hilfe ist ihm willkommen. Seine Motivation ist noch ungetrübt.

ALFONS ALPHA

Der Alfons ist seit einer gefühlten Ewigkeit im Management unterwegs. Ihm macht keiner was vor.

Die drei stehen für die drei Teilnehmertypen, die Dein neues Führungskräfte-Lerntool nutzen sollen. Nicht zufällig enthalten die drei Namen eindeutige Attribute. Sie lassen sofort ein Bild im Kopf entstehen. So könnt Ihr die einzelnen Typen in Euren Diskussionen leicht fassen: Welche Inhalte locken wohl Alfons Alpha aus der Reserve? Wie können wir Max Mittendrin aufmuntern?

Die nächste Frage ist nun, wie der Zielgruppenschnitt aussieht. Also: Welchen Anteil hat jede Persona an der Zielgruppe? Wir nehmen einmal an, dass Deine Zielgruppe zu 50 Prozent aus Florian Frischlings besteht und zu jeweils 25 Prozent aus Alfons Alphas und Max Mittendrins. In der Grafik stellen wir diese Aufteilung dar.

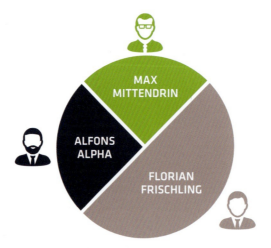

Jetzt hast Du klar vor Augen, wie sich Deine Zielgruppe zusammensetzt. Aha, die Frischlinge überwiegen. Die musst Du mit der richtigen Sprache und den passenden Inhalten erreichen. Ohne jedoch die anderen beiden Typen zu verprellen. Auch sie müssen sich wiederfinden, wenn auch nicht in dem Maße wie die Frischlinge.

Schauen wir uns die Bedürfnislagen von Florian Frischling und Alfons Alpha genauer an:

- Florian Frischling will so schnell wie möglich aufsteigen. Er ist hoch engagiert, bringt sich voll ein. Zugleich scheut er Fehler.

- Alfons Alpha ist längst oben angekommen. Ihn plagen ganz andere Sorgen. Er jongliert mit zig Projekten, die Teilnahme an einer Lernmaßnahme empfindet er als Zeitverschwendung.

Du siehst, beide ticken total unterschiedlich. Folglich wirst Du ihre Interessen und Bedürfnisse unterschiedlich adressieren müssen. Florian Frischlings Bedürfnislage steht für Dich im Mittelpunkt. Du behältst aber auch die von Alfons Alpha im Blick.

Faustformel à la Yummy-Toolkit: Was für die Hauptzielgruppe ein kulinarischer Hochgenuss ist, muss den Nebenzielgruppen einigermaßen gut schmecken.

Ein Tipp noch: Ein genauer Blick in die Teilnehmerdaten hilft Dir, die Anteile richtig zu gewichten. Grobe Schätzungen ohne Datengrundlage sind riskant. Du läufst dann Gefahr, dass Dein Produkt die Zielgruppe verfehlt.

4. EMOTIONEN NUTZEN

Vierter Schritt. Das große Thema Emotionen. Wir sind überzeugt: Ohne Emotion keine Bewegung! Das heißt, ohne die richtige Emotionalisierung von Inhalten und Argumenten wirst Du wenig erreichen. Deine Arbeit lässt den Lerner kalt. Er tut sich mit dem Lernen schwer. Und vor allem kommt er nicht ins Handeln.

Emotionen sind in der Kommunikation essenziell. Schließlich musst Du ja erst mal erreichen, dass der Lerner sich überhaupt für Dein Lernprodukt interessiert und es nutzen will. Er sollte sich also abgeholt fühlen und erkennen, dass Dein Angebot genau das ist, was ihn voranbringt.

Auch im Lernprozess selbst spielen Emotionen eine wichtige Rolle. Positive Emotionen schaffen Motivation, das Training auch absolvieren zu wollen. Zusätzlich erhöhen sie den Lernerfolg. Denn aus neurobiologischer Sicht sorgen positive Emotionen für eine nachhaltigere Verankerung von Wissen.

Sprichst Du mit Deiner Kommunikation und Deinem Lernprodukt die richtigen Emotionen bei Deiner Zielgruppe an? Und kennst Du die Emotionen, die für die Realisierung des Themas hinderlich wären?

Prüfe hierfür zuerst, welche Art von Motivation Du bedienst. Danach prüfst Du die emotionalen Anker wie Lernhistorie oder Kultur. Wie Du dabei vorgehst, erklären wir Dir hier:

MOTIVATIONSARTEN

Es gibt zwei Arten von Motivation, die in Deiner Argumentation eine Rolle spielen können. Die eine ist die Hinzu-Motivation, die andere die Meide-Motivation.

Die Hinzu-Motivation kommt sehr oft zum Einsatz, wenn wir über Lernkonzepte sprechen und für diese argumentieren. „Du lernst etwas Neues", das wäre ein ganz einfaches Beispiel für eine Hinzu-Motivation. Aber es ist ein relativ schwacher Motivator.

Anders die Meide-Motivation. Mit ihr führen wir anderen gerne die Konsequenzen des Nicht-Handelns vor Augen. „Nur wenn Du dies hier nicht lernst, bleibt alles beim Alten und Du musst sehr wahrscheinlich mit folgenden Konsequenzen leben ..." Solch eine Aussage motiviert wesentlich stärker.

Schauen wir uns nun ein Beispiel an, wie Du Aussagen emotional aufladen kannst: Die Aussage „Mit Feedback entwickelst Du Deine Mitarbeiter" ist eine klassische Hinzu-Motivation. Wirkt sie besonders emotional? Eher nicht. Wie gelangen wir nun zu einer emotionaleren Meide-Motiv-Aussage? Dafür wenden wir die Toyota-Methode der „Fünf Warums" an:

1. *Warum willst Du Deine Mitarbeiter entwickeln?*

   Damit sie eigenständiger arbeiten.

2. *Warum sollen sie eigenständiger arbeiten?*

   Damit sie mehr Projekte selbstständig umsetzen.

3. *Warum sollen sie mehr Projekte eigenständig umsetzen?*

   Damit sie weniger Rückfragen bei mir stellen.

4. *Warum sollen sie Dir weniger Rückfragen stellen?*

   Damit mein Stresspegel sinkt.

5. *Warum soll Dein Stresspegel sinken?*

   Damit ich beruflich und privat den Kopf frei habe.

„Reduziere Deinen Stresslevel" wäre also als Versprechen stärker als „Mit Feedback entwickelst Du Deine Mitarbeiter". Du siehst, wenn Du die wirklichen Bedürfnisse der Zielgruppe offenlegst, erreichst Du sie viel besser. Die Verstärkung der Meide-Motivation hilft Dir an vielen Stellen: im Projektmarketing, als Titel oder Beschreibung des Trainings, aber auch immer wieder in den Texten des Trainings selbst.

EMOTIONALE ANKER

Als emotionale Anker bezeichnen wir hier

- das Thema (individuelle Erfahrungen, positiv wie negativ),

- die Kultur (Erfahrungen im kulturellen Kontext) und

- die persönliche Lernhistorie (welche emotionalen Erfahrungen hat der Lerner mit der Methodik oder dem Lernen im Unternehmen allgemein?).

Wie helfen Dir die drei Anker nun in Sachen Emotionalisierung?

Nehmen wir an, das Trainingsthema lautet: **Agilität**

> **Thema und Kultur**: Du stellst fest, dass das Thema Agilität bei der Zielgruppe wenig bekannt ist. Also gibt es hinsichtlich dieser Anker keinen emotionalen Ballast.

> **Persönliche Historie:** Hier wird es interessant! Du weißt nämlich, dass die Zielgruppe Probleme damit hat, neuartige Methoden nachhaltig umzusetzen. Es sind also negative Erfahrungen vorhanden.

Wenn Du das Thema Agilität wirklich anbieten willst, musst Du Dir überlegen, wie Du die negative Blockade bei der Zielgruppe durchbrichst. Du musst also die richtigen emotionalen Knöpfe drücken, damit sich die Zielgruppe bewegt. Ohne Emotion keine Bewegung!

5. LERNZIELE SETZEN

Der fünfte Schritt. Ab jetzt wird es kreativ. Du machst Dich an die Gestaltung Deiner Lernprodukte. Jetzt wird es aber auch zunehmend anspruchsvoller. Kollegen, Vorgesetzte, Content Owner und weitere Stakeholder müssen und wollen gefragt werden. Natürlich geben sie alle ihren Senf dazu. Wenn Du nicht aufpasst, machen sie Dir in bester Absicht Dein Projekt kaputt.

Deshalb solltest Du Dich als Anwalt des Lerners sehen und in seinem Sinne Dein Produkt verteidigen. Wie entscheidest Du, welches Feedback Dein Produkt weiterbringt und welches nicht? Zum Glück hast Du ja Lernziele definiert. Sie helfen Dir bei der Entscheidung.

Schauen wir uns wieder ein Beispiel an: Du willst ein Lernformat entwickeln und stehst vor einem enormen Wissensberg. Dieser ganze Stoff zum Thema soll in das Format hinein? Geht natürlich nicht. Da mag der Content Owner noch so drauf drängen. Du denkst an Deine Lerner und deren begrenzte Aufnahmefähigkeit.

Also machst Du einen Cut und wendest dabei das gute alte Pareto-Prinzip an: 20 Prozent des Inhalts machen 80 Prozent des Lernwerts Deines Produkts aus. Auf diese 20 Prozent solltest Du Dich in Deinem Format konzentrieren.

Angenommen, es geht um das Thema Excel, dann wären dies die wertvollen Lerninhalte des 20-Prozent-Anteils: Dateien öffnen und schließen, Tabellen farbig markieren, Summen ziehen, Zellenformatierung auf Währung stellen etc. Warum sind sie wertvoll? Weil die Lerner sie höchstwahrscheinlich in nächster Zeit anwenden werden.

Weniger wichtig, und damit im 80-Prozent-Anteil, sind Inhalte wie Pivot-Tabelle programmieren, Diagramme anlegen und externe Datenquellen nutzen.

Wie kannst Du im Alltag die Inhalte nach dem obigen Schema einteilen? Hierfür können wir Dir eine sehr effektive Vorgehensweise empfehlen:

- Alle Beteiligten, die etwas zum Inhalt beizutragen haben, kommen in einem Raum zusammen.

- Dann werden Karten und Stifte ausgeteilt.

- Jeder der Anwesenden kann nun Fragen aufschreiben, die der Lerner am Ende des Lernmoduls beantworten können sollte (pro Karte eine Frage).

- Die Karten werden eingesammelt.

- Zeichnet auf eine Tafel oder ein Flipchart eine Pyramide (siehe Grafik S. 144).

- Jetzt beginnt die Zuordnung: Welche Fragen gehören in die 20-Prozent-Spitze, welche in den 80-Prozent-Bauch der Fragen-Pyramide?

- Heftet die Karten entsprechend an die Tafel.

Auf diese Weise erhaltet Ihr einen guten Überblick, welche Themen hohe Relevanz haben und umfangreich behandelt werden sollten. Und welche Themen Ihr nur am Rande abhandeln könnt.

Nun könnt Ihr prüfen, inwieweit Ihr Eure Projektziele erfüllt und wie gut Ihr Eure Zielgruppen erreicht:

1. Nehmt Euch die Liste mit den Projektzielen vor und prüft, ob Ihr alle Ziele abdeckt.

2. Versetzt Euch in die Lage der drei Personas (Max, Florian, Alfons) und checkt, ob und in welchem Maße die Themen im 20-Prozent-Bereich ihre jeweiligen Interessen und Bedürfnisse erfüllen.

3. Ggf. passt Ihr Eure Themenzuordnung an, sodass die Projektziele und die Zielgruppen optimal bedient werden.

Ganz fertig seid Ihr dann natürlich noch nicht. Denn jetzt beginnen die internen Feedback-Runden mit den Stakeholdern. In sie werdet Ihr viel Zeit und Energie investieren müssen.

6. METHODEN PLANEN

Nun der sechste Schritt. Wir sind bei den Methoden. Also bei der Frage, wie Du die Inhalte vermittelst.

Bei Ausschreibungen machen viele HRler den Fehler, sich auf eine bestimmte Methode festzulegen. Weil sie diese Methode bereits vorher genutzt haben. Die Macht der Gewohnheit also. Oder weil sie unbedingt eine neue Methode probieren wollen. Ach, machen wir doch mal ein Webinar!

Solch vorzeitige Methodenentscheidungen sind kontraproduktiv. Du läufst Gefahr, Deine Ziele und Zielgruppen zu verfehlen. Wie findest Du die richtige Methode? Du überlegst, welche Methode die beste ist, um das gewünschte Lernziel zu erreichen. Und der beste Visualisierungsweg, alle bisherigen Überlegungen und Orientierungen in einen Zusammenhang zu bringen, ist eine Learner Journey.

Die Learner Journey zeigt auf visuelle Art den Weg des Lerners vom Ausgangszustand bis zur Erreichung des Projektziels. Durch die richtige Kombination von Methoden (in der Regel also durch Blended Learning) bringst Du ihn ans Ziel.

In der Grafik zeigen wir Dir, wie das aussehen könnte:

Jede der Karten (sie stammen aus unserem Blended-Learning Baukasten) steht für eine Methode. Zum Beispiel für ein internes Training, eine Simulation, ein Erklärvideo. Auf der jeweiligen Karte gibt es ein Ideen-Feld, in das Du das jeweilige Lernziel für den Lerner einträgst. Darunter ist das Nutzen-Feld. Hier trägst Du ein, was die Zielgruppe (Persona) von der Maßnahme hat.

Die verschiedenen Methoden-Karten heftest Du jetzt an ein Board. Du überlegst Dir dafür die optimale Abfolge. Der Lerner soll Schritt für Schritt zum Projektziel gelangen. Verbinde die Karten mit Pfeilen. Nun hast Du die Learner Journey vor Dir.

Diese Learner Journey ist ein Idealszenario. So sollte es sein! Wenn da nicht Fallstricke wie zum Beispiel die Rahmenbedingungen wären. Du merkst also, Deine Vorarbeiten kommen Dir nun zugute. Du kennst die Rahmenbedingungen und kannst nun checken, wie realistisch bzw. umsetzbar Deine Planungen sind. Aus den Rahmenbedingungen ergeben sich Fragen wie:

- Kann jeder Teilnehmer Videos auf seinen Endgeräten abspielen?

- Haben wir genug Budget für externe Trainer?

- Ist unsere Ausstattung geeignet, um professionelle Webinare zu produzieren?

Unserer Erfahrung nach ist es so, dass besonders ambitionierten Lernvorhaben meist irgendeine Rahmenbedingung im Wege steht. Nochmals unser Tipp mit dem „Vorstandsbaby": Wenn Du mit Deinem E-Learning ein neues Benchmarking setzen willst, suchst Du Dir am besten ein Projekt aus, das dem Vorstand am Herzen liegt. So manche störende Rahmenbedingung löst sich dann plötzlich in Luft auf.

Mit der Learner Journey kannst Du übrigens auch anderen Beteiligten, zum Beispiel Deinen Budgetgebern, sehr anschaulich erklären, was Du vorhast: „Schaut mal, hier startet der Lerner. Mit einem Training erreicht er das erste Lernziel. Dann geht es mit einer Simulation weiter ... Bis schließlich hier oben alle Lernziele umgesetzt sind und das Projektziel erfüllt ist."

Durch die Visualisierung der Trainingsdramaturgie erkennst Du unter anderem besser, welche Maßnahme wann sinnvoll ist, an welchen Stellen zeitliche Abhängigkeiten bestehen und wer wann und wo über bestimmte Maßnahmen informiert werden muss. Zudem entstehen aus den verschiedenen Stationen der Learner Journey Arbeitspakete, die Ihr im Projektteam besprechen und dann teamintern verteilen könnt – durch die Visualisierung kann jeder folgen und weiß, worum es geht.

7. KOMMUNIKATION MEISTERN

Wir kommen zum letzten Schritt – bei dem vielen E-Learning-Machern leider die Puste ausgeht. Warum wird die Kommunikation so oft unterschätzt und schlecht umgesetzt?

Meist fließen viel Zeit, Energie und Budget in die Konzeption und Produktion. Da werden ausgeklügelte Lernstrategien und tolle Formate entwickelt. Doch wenn es daran geht, den Zielgruppen dieses aufregende neue Lernprodukt vorzustellen, vertraut man auf die Kraft einer nüchternen E-Mail mit Link.

Leider wartet Deine Zielgruppe nicht sehnsüchtig auf eine solche E-Mail. Sie wird überschüttet mit Nachrichten. Wenn Du mit Deiner Kommunikation auffallen willst, musst Du Dir schon mehr überlegen. Auffallen allein reicht natürlich nicht. Du musst auch überzeugen. Schließlich willst Du, dass Deine Zielgruppe ihre wertvolle Zeit investiert. Was habe ich davon, wird sie fragen. Sage ihr also klipp und klar, welchen Nutzen ihr Dein tolles Lernprodukt bringt.

Beim Formulieren der Botschaften helfen Dir die bisherigen Schritte. Du kennst

- die geeigneten Nutzenargumente (Projektziele, Emotionen),

- die Motivlagen und Lernziele der Zielgruppen (Personas, Lernziele) sowie

- die Nutzenversprechen auf Lernzielebene (Methoden).

Mithilfe dieses Wissens kannst Du eine starke Kommunikation machen. Sie löst Emotionen und Bilder aus.

Je klarer und präziser Du den Nutzen mit entsprechendem emotionalen Drive vermittelst, umso besser. Dabei solltest Du gezielt die Meide-Motivation des Lerners adressieren. Beim Thema Zeitmanagement kündigst Du also nicht an: „Neues Zeitmanagement-Training mit Prof. Huber". Sondern: „Drei Methoden, wie Sie in 15 Minuten Ihr Zeitmanagement OHNE Disziplin in den Griff kriegen."

Wenn Du derart nutzenorientiert und packend kommunizierst, kommt Deine Botschaft bei der Zielgruppe an. Sie kann sich schnell entscheiden: Ist das Angebot etwas für mich oder nicht? Wenn Du alles richtig gemacht hast, bei Produktion wie auch Kommunikation, ist natürlich nur eine Antwort möglich: Ja!

DREI METHODEN, WIE
SIE IN 15 MINUTEN
IHR ZEITMANAGEMENT
OHNE DISZIPLIN IN
DEN GRIFF KRIEGEN.

*NEUES ZEITMANAGEMENT-TRAINING
MIT PROF. HUBER*

PROJEKTZIELE DEFINIEREN

- nur klare Ziele geben Orientierung
- Zielbeschreibungen daher präzise formulieren

RAHMENBEDINGUNGEN IDENTIFIZIEREN

- nicht immer sind zu Anfang alle bekannt
- manche werden erst im Projektverlauf erkennbar
- erst Ideen entwickeln, dann mit Bedingungen abgleichen

PERSONAS BESCHREIBEN

- Zielgruppenrepräsentanten erleichtern die Arbeit
- Motivlagen sind klar umrissen
- Zielgruppen lassen sich besser adressieren

EMOTIONEN NUTZEN

- nur richtig emotionalisiert lernt der Lerner
- Motivationsarten helfen bei der Emotionalisierung

LERNZIELE SETZEN

- gute Lernprodukte vermitteln nur relevante Inhalte
- Auswahl dieser Inhalte nach der Pareto-Einteilung
- Abgleich mit Projektzielen und Personas machen

METHODEN PLANEN

- nicht zu früh auf eine Methode festlegen
- Learner-Journey-Modell hilft
- Methoden lernzielorientiert auswählen

KOMMUNIKATION MEISTERN

- Aufgabe wird oft unterschätzt
- nur starke Kommunikation fällt auf
- Nutzenversprechen packend kommunizieren

WARUM RELEVANZ FÜR DEN ERFOLG DEINES LERNPRODUKTS SO WICHTIG IST

WIE DU GANZ EINFACH DIE EINFACHHEIT TESTEN KANNST

WAS SCHNELLIGKEIT FÜR DAS PRODUKTERLEBNIS BEDEUTET

WIE DU FÜR MEHR KLARHEIT BEIM LERNER SORGST

WARUM PRAXISNÄHE DEN TRANSFER BEFLÜGELT

WIE DEIN PRODUK*

WAS MOTIVATION BEWEGEN KANN

8. QUALITÄTS-KRITERIEN

DURCH AUTHENTIZITÄT ÜBERZEUGT

WARUM HOCHWERTIGKEIT DAS TÜPFELCHEN AUF DEM i IST

DIE NEUN WICHTIGSTEN QUALITÄTSKRITERIEN

Jetzt geht es um die Produktqualität. Die Qualität entscheidet darüber, ob Dein Lernprodukt dem Lerner schmeckt.

Stell es Dir so vor: Du lädst ein paar Freunde und Bekannte zu Dir nach Hause zum Abendessen ein. Du machst Dir Gedanken über das Menü und die passenden Getränke, die Sitzordnung, die Tischdeko und das weitere Ambiente. Du willst alle Qualitätskriterien in Sachen Genuss und Gastfreundschaft erfüllen. Denn jeder Deiner Gäste soll mit dem schönen Gefühl nach Hause gehen: Das war ein wunderbar gelungener Abend!

Wir geben Dir neun wichtige Qualitätskriterien an die Hand. Es sind praktisch die Zutaten, die Du brauchst, damit Du ein Lernprodukt schaffen kannst, das wirklich „Yummy!" ist.

YUMMY-TOOLKIT

Der erste Qualitätsstandard für Seminare und E-Learnings: Steigere schnell und einfach die Qualität Deiner Formate!

www.yummy-toolkit.com

1. RELEVANZ

Alles, was nicht relevant für uns ist, vergessen wir. Für den Lerner sollten also die jeweiligen Inhalte und Informationen des Lernprodukts von hoher Relevanz sein. Nur dann ist der Lernerfolg sicher.

Woher weißt Du nun, was für ihn interessant ist und was nicht? Dank der Persona-Beschreibungen kannst Du die Interessen und Bedürfnisse der Lerner schon recht gut einschätzen. Letzte Sicherheit gibt Dir aber nur eine Befragung der Teilnehmer.

Keine Sorge, Du musst nicht Mitarbeiter aus entlegenen Standorten einfliegen lassen und in einen mehrtägigen Intensiv-Workshop stecken. In der Regel reicht es, wenn Du einen kleinen Test machst. Wähle ein Lernziel aus, setze es mit einer Methode um und teste diese Umsetzung dann an ein paar Vertretern der Zielgruppe. Oder Du nimmst Dir die Fragen-Pyramide (siehe Grafik S. 144) zur Hand und fragst fünf bis sieben Leute aus der Zielgruppe, ob die Fragen in der Pyramidenspitze aus ihrer Sicht die wichtigsten sind. Für das Feedback reichen Telefongespräche mit den Teilnehmern. Du schärfst dadurch auf sehr effektive Weise den Relevanzfilter.

Vergiss nie: Relevanz ist das einzige Mittel, um die intrinsische Lernmotivation der Teilnehmer sicherzustellen. Aufmerksamkeit und Neugier allein reichen nicht. Außerdem speichert unser Gehirn nur solche Informationen ab, die ihm relevant erscheinen.

2. EINFACHHEIT

Menschen lieben es einfach. Das Thema hatten wir schon. Die wachsende Komplexität in Unternehmen ist für die meisten Mitarbeiterinnen und Mitarbeiter schon Herausforderung genug. Da musst nicht auch noch Du mit einem hochkomplexen Lernprodukt kommen. Halte es einfach und trotzdem effektiv.

Wenn Du Dir Klarheit verschaffen willst, ob Dein Produkt einfach genug ist, helfen Dir Tests weiter. Teste an Vertretern Deiner Zielgruppe, wie gut (oder schlecht) sie mit dem Produkt zurechtkommen. Falls Dir das zu aufwendig erscheint, gibt es eine weitere Möglichkeit: Du lässt Kollegen die Perspektive der Personas einnehmen. Bei drei Personas brauchst Du drei versierte Menschen, die sich den jeweiligen Hut aufsetzen und das Lernprodukt aus Sicht ihrer Figur betrachten.

Je einfacher Du es dem Lerner machst, umso wahrscheinlicher ist es, dass er seine Lernziele erreicht. Ein komplexes Lernprodukt mag auf den ersten Blick wertvoller aussehen. Doch am Ende ist es wichtig, dass genügend kognitive Kapazität für den Inhalt übrig bleibt und nicht alles mit Toolbedienung verbraucht wird.

3. SCHNELLIGKEIT

Nicht nur einfach, auch schnell sollen uns Dinge von der Hand gehen. Zumindest ist das unser Wunsch in der Arbeitswelt. Natürlich hat das auch etwas mit steigendem Zeitdruck zu tun, selbst wenn dieser nur gefühlt sein mag. Zeitverschwendung gilt im Job, aber auch in Teilen des Privatlebens, als Todsünde. Fatal wäre es also, wenn Dein Lernprodukt den Eindruck erwecken sollte, man würde mit ihm kostbare Zeit verplempern. Wert ist immer das Verhältnis von Zeitaufwand und persönlichem Nutzen. Nimmt der Lerner das Lernerlebnis als zeitraubend wahr, fällt der gefühlte Wert bei gleichem Content.

Du merkst, es geht hier um die Empfindungsebene. Erreichen willst Du, dass der Lerner Dein Produkt als effizient und effektiv empfindet: Damit lerne ich schnell genau das, was ich will!

Achte also darauf, dass Dein Produkt dieses Erlebnis ermöglicht. An Technik, Struktur und Inhalt kannst Du vielleicht auch noch schrauben. Schnellere Ladezeiten, kürzere Lerneinheiten, prägnantere Texte. Auch so wird Dein Produkt schneller.

4. KLARHEIT

Im Lernprozess ist Desorientierung ein absoluter Motivationskiller. Der Lerner sollte im Idealfall stets wissen, was er da gerade warum tut. Er braucht Klarheit und Orientierung. Ob Dein Lernprodukt für ebendiese sorgt, kannst Du leicht prüfen.

Schreite die verschiedenen Stationen der Learner Journey ab. An jeder Station stellst Du Dir diese drei Fragen (aus Sicht des Lerners formuliert):

- Was muss ich tun?

- Was habe ich bereits getan?

- Wie viel Zeit muss ich für das aufwenden, was noch von mir erwartet wird?

Anhand dieser Fragen bekommst Du einen Eindruck, wie klar Dein Produkt ist. Falls Du fürchtest, dass Du bereits hochgradig betriebsblind bist und eine neutralere Sichtweise brauchst: Am besten testest Du das Training noch einmal an zwei, drei Vertretern der Zielgruppe. Schicke sie einmal durch den Lernprozess, lass sie laut denken und höre aufmerksam zu. Dieser „Hausfrauentest" liefert Dir viele wichtige Erkenntnisse, wo und wie Du die Klarheit deutlich erhöhen kannst.

5. PRAXISNÄHE

Theorie und Praxis klaffen in der Regel auseinander. Beim Überbrücken dieser Kluft solltest Du dem Lerner helfen. Erwarte lieber nicht, dass er theoretische Inhalte eigenständig in Erkenntnisse für seinen Praxisalltag übersetzt. Die große Frage lautet immer: Wie kannst Du Informationen so anbieten, dass der Lerner sie ohne extra Anstrengung mit seinen Alltagsproblemen verknüpfen kann?

Wichtig ist, dass Du die Theorie mit vielen praktischen Beispielen unterfütterst. Anwendungsbeispiele aus der Praxis helfen dem Lerner zu entscheiden, ob der jeweilige Inhalt für seinen Alltag relevant ist oder nicht. Dementsprechend erfolgreich wird der Transfer in die Praxis sein.

Aus neurowissenschaftlicher Sicht kann man all dies gut erklären. In den neuronalen Netzwerken unseres Gehirns sind zahllose Anwendungsfälle aus unserem Alltag gespeichert. Wenn wir nun Informationen aufnehmen, die zu diesen Fällen passen, können wir sie relativ leicht vernetzen und damit speichern.

Klingt Dir noch zu theoretisch? Hier mal ein praktisches Beispiel: Du willst endlich kochen lernen und startest mit Pasta. So eine Pastasauce ist ja schnell gemacht. Du hast bereits einige Rezepte ausprobiert. Nur waren die Saucen meist zu dünnflüssig. Statt sich sanft um die Nudeln zu legen, schwappte die Sauce auf dem Tellerboden herum. Nun erklärt Dir Dein Freund Dirk (Name rein zufällig gewählt), der ein großartiger Hobbykoch ist, wie Du mit ein paar Tricks die Konsistenz der Sauce optimieren kannst. Zum Beispiel mit bindender Maisstärke. Saucenkonsistenz? Abbinden mit Maisstärke? Vor einiger Zeit hättest Du da die Ohren auf Durchzug gestellt. Jetzt aber, mit Deiner Kocherfahrung, nimmst Du Dirks Ratschläge begeistert auf. Der Praxistransfer fällt Dir leicht, weil Dein Gehirn die neuen Informationen problemlos vernetzen kann.

Deinen Lernern sollte es mit Deinem Lernprodukt ähnlich gehen. Sie erkennen die Relevanz für ihren Alltag, lernen begeistert und setzen das neue Wissen im Alltag um. So wie Du mit Deiner Pastasauce. Buon appetito!

6. SELBSTBESTIMMUNG

Kommen wir zu einem besonders wichtigen Bedürfnis des Lerners, der Selbstbestimmung. Meist ist es im Unternehmen so: Je höher ein Mensch in der Hierarchie steht, umso stärker will er selbstbestimmt handeln. Aber natürlich haben Menschen auch unabhängig vom Status das Bedürfnis, möglichst wenig fremdbestimmt zu agieren.

Woher kommt dieses Streben nach Selbstbestimmung? Schauen wir uns die drei sozialen Grundbedürfnisse an:

- **Soziale Eingebundenheit:** Wir wollen Teil einer sozialen Gruppe sein. Denn innerhalb der Herde ist es sicherer und bequemer für uns als allein irgendwo da draußen in der Wildnis.

- **Kompetenz:** Wir wollen (und müssen) unseren Teil zum sozialen Ganzen beitragen.

- **Selbstbestimmung:** Wir wollen uns möglichst wenig vorschreiben lassen, unseren Werten und Vorstellungen gemäß leben und handeln.

Fremdbestimmung ist demnach ein No-Go für die meisten Menschen. In der Schule und anderswo haben wir da aber viele negative Erfahrungen gesammelt. Überall dort wurde unsere Selbstbestimmung eingeschränkt. Jetzt etwa auch noch beim Lernen im Unternehmen?

Dein Lernprodukt sollte den Lerner selbstbestimmt lernen lassen. Das heißt zum Beispiel:

- Er sollte sich an keine starre Lernreihenfolge halten müssen.

- Die Tiefe der Information kann er individuell wählen.

- Auch den Zeitpunkt des Lernens bestimmt er selbst.

Auch hier solltest Du wieder aus der Perspektive Deiner Zielgruppe (also anhand der Personas) Dein Lernprodukt durchleuchten. Ist der Grad der Selbststimmung hoch genug?

7. AUTHENTIZITÄT

Wenn eine Information unserem Weltbild widerspricht, halten wir sie erst mal für falsch. Glaubwürdiger, sprich authentischer, sind für uns Fakten, die sich mit unserem bisherigen Wissensstand decken. Und wir glauben natürlich solchen Informationsquellen mehr, die uns bekannt sind und denen wir vertrauen.

Was bedeutet dies für Dein Lernprodukt? Die Inhalte sollten dem Lerner in hohem Maße authentisch erscheinen. Salopp gesagt: Du musst ihn dort abholen, wo er ist. Selbstverständlich darfst Du ihm keinen Honig um den Bart schmieren. Wenn Du ihn ausschließlich in dem bestätigst, was er weiß, bliebe ja der Lernfortschritt aus. Die Informationen sollten vielmehr so beschaffen sein, dass sie ihn leicht irritieren und zum Nachdenken anregen. Erscheint ihm die Information nützlich, wird er sie aufnehmen und gegebenenfalls sein Weltbild erweitern. Alle Informationen, die er fernab seines Weltbilds verortet, verwirren ihn nur. Sein Gehirn wird sie so schnell wie möglich entsorgen. Sollte es doch einmal nötig sein, Wissen zu vermitteln, das weit vom Weltbild entfernt ist, sollte dies durch eine Person mit hoher emotionaler Legitimation passieren. Dies könnte zum Beispiel der beste Verkäufer im Team sein.

Wieder ist ein Zielgruppentest sinnvoll, um zu checken, ob die Inhalte und das Produkt an sich als authentisch wahrgenommen werden. Telefoniere einfach mal mit ein paar Testpersonen aus Deinem Unternehmen und gehe die Lernziele mit ihnen durch. Die Reaktionen und Meinungen werden Dir enorm weiterhelfen.

8. MOTIVATION

Ohne Motivation rührt sich kein Lerner. Wenn Du die Motive Deiner Zielgruppen nicht kennst, kannst Du auch kein gutes Lernprodukt für sie entwickeln. Du siehst also einmal mehr, wie wichtig die Arbeit mit Personas ist.

Welchen Einfluss die Motive Deiner Zielgruppen auf das Lernprodukt haben, zeigen wir Dir an einem Beispiel:

Vier Kolleginnen und Kollegen wollen in ein Café gehen. Kollegin A freut sich auf sanft gerösteten peruanischen Bio-Hochlandkaffee. Kollege B sucht ein entspanntes Ambiente. Kollegin C hatte kein Frühstück und nun Appetit (oder sogar Kohldampf) auf einen belegten Bagel. Kollege D will einfach nur mal raus dem Büro. Jeder der vier hat also ein anderes Motiv für den Cafébesuch.

Der clevere Cafébesitzer hat alle vier Motive bedacht und kann diese auch bedienen. Den Kaffee-Aficionados bietet er sorgsam ausgewählte Qualitätskaffees aus aller Welt. Die jazzige Hintergrundmusik und der unaufdringliche Service tragen zu einer entspannten Atmosphäre bei. Für Hungrige gibt es ein famoses Sortiment an Kuchen und Sandwiches. Die Gäste können an ihrem Notebook arbeiten, ein Buch lesen oder einfach nur aus dem Fenster schauen.

Ist Dein Lernprodukt so gut geplant und umgesetzt wie dieses Café? Erkennen die Zielgruppen schnell und einfach, welchen Nutzen ihnen das Produkt bringt?

Doch nicht immer deckt sich ein Lernprodukt mit der Motivlage der Zielgruppe. Dann musst Du durch Kommunikation die Brücke schlagen zwischen Motiv und Lernziel, um der Zielgruppe den Nutzen zu verdeutlichen. Denken wir an das beliebte Thema Zeitmanagement. Viele Mitarbeiter haben bereits entsprechende Trainings absolviert. In vielen Fällen ist der Umsetzungserfolg überschaubar. Es fehlt den meisten einfach an der nötigen Disziplin.

An diese Einsicht in die Motivlage der Zielgruppe kannst Du nun anknüpfen. Du entwickelst für Dein Trainingskonzept ein paar knackige Methoden, wie man sein Zeitmanagement ohne große Disziplin verbessern kann. Das entsprechende Lernprodukt bewirbst Du dann kommunikativ mit dem Versprechen: „In 15 Minuten das Zeitmanagement auch ohne Disziplin beherrschen." So sprichst Du all jene Lerner an, die ihre Zeit effektiver nutzen wollen, aber wenig Disziplin an den Tag legen.

9. HOCHWERTIGKEIT

Unser neuntes Kriterium klingt etwas oberflächlich. In der Tat nehmen wir ja Hochwertigkeit wahr, indem wir über Oberflächen streichen, sie betrachten und bewerten. Schöner Lack, sagen wir dann. Oder, falls es um Design und Medien geht, toller Look & Feel.

Sollte Dein Lernprodukt hochwertig herüberkommen? Selbstverständlich. Nur sollte das Äußere immer zum Inneren passen. Was nützt es, wenn Dein Produkt schön lackiert ist, unter dieser Hülle aber ein schlecht durchdachtes Lernvehikel schlummert? Die erste Begeisterung der Lerner wird schnell verfliegen.

Erledige besser alle Hausarbeiten (die bisherigen acht Kriterien helfen Dir dabei) und kümmere Dich dann um das äußerliche Erscheinungsbild Deines Produkts. So wie beim Kochen. Du bringst alle Zutaten zusammen, kochst etwas Wunderbares und richtest es anschließend appetitlich an. Anrichten vorm Kochen würden wir Dir nicht empfehlen.

Wenn der Lerner Dein Lernprodukt als hochwertig wahrnimmt, steigt für ihn die Qualität der Inhalte. Er schätzt ihre Authentizität höher ein und betrachtet sie als wertvoller für sich. Auch persönlich fühlt er sich wertgeschätzt. Nicht zuletzt ist der „joy of use" höher: Es macht einfach Spaß, sich mit einem hochwertigen Produkt zu beschäftigen.

RELEVANZ

- Irrelevantes ignoriert bzw. vergisst der Lerner
- Umfragen in der Zielgruppe schärfen den Relevanzfilter

EINFACHHEIT

- Komplexität schreckt Lerner ab
- Zielgruppentests geben Klarheit

SCHNELLIGKEIT

- Lerner will Zeit effektiv nutzen
- Produkt muss als schnell erlebt werden

KLARHEIT

- Desorientierung des Lerners vermeiden
- Klarheit im Lernprozess testen

PRAXISNÄHE

- Praxistransfer braucht Unterstützung
- Anwendungsbeispiele helfen beim Transfer

SELBSTBESTIMMUNG

- selbstbestimmtes Handeln ist ein soziales Bedürfnis
- Lerner sollte gemäß seinen Wünschen lernen können

AUTHENTIZITÄT

- glaubwürdig ist das, was bekannt ist
- Inhalte sollten wenig vom Weltbild des Lerners abweichen

• MOTIVATION

- Lernprodukt muss Motive der Zielgruppe bedienen
- Kommunikation vermittelt Nutzen, falls Lernziel von Motivlage abweicht

HOCHWERTIGKEIT

- Verpackung und Inhalt des Lernprodukts sollten stimmig sein
- erst ein gutes Produkt konzipieren, dann hochwertig verpacken
- äußere Wertigkeit strahlt auf den Inhalt aus
- Lerner fühlt sich wertgeschätzt, der „joy of use" steigt

IM BLINDFLUG ZUM TRANSFERERFOLG?

Wenn der Lerner motiviert ist, klappt auch der Transfer. An diesem Glaubenssatz der Personalentwicklung rüttelst Du seit Jahren. Warum so hartnäckig? Motivation wird überschätzt. Es reicht nicht, wenn ein Lerner nur motiviert an die Sache herangeht. Sobald er auf die ersten Widerstände trifft, ist nämlich meist Schluss mit dem Enthusiasmus. Denken wir an die guten Vorsätze, die wir zu Neujahr fassen. Wir nehmen uns vor, mehr Sport zu treiben, raffen uns auch ein paar Mal zum Laufen im Park auf. Doch nach ein, zwei Wochen fallen wir wieder in den alten Trott zurück. Weil es draußen zu kalt ist. Die Schuhe drücken. Oder die Couch so herrlich bequem ist. Dem Lerner geht es genauso. Er mag motiviert sein, doch er ist deshalb nicht gleich ein Umsetzungsmeister. Die meisten Personaler sehen das aber anders. Sie vertrauen zu sehr auf die Kraft der Motivation – und lassen den Lerner beim Transfer alleine.

Wie kommt es zu dieser Fehleinschätzung? Die Personaler rechnen den Lernern Fähigkeiten zu, die diese in vielen Fällen nicht haben. Nach meinen Analysen sind nur rund 20 Prozent der Lerner transferstark. Die Transferstärke kann man sogar messen. Das wissen aber die wenigsten HRler. Sie sind im Blindflug unterwegs und haben keine Ahnung, wie transferstark ihre Lerner sind.

Wie sieht das aus, wenn ein Lerner transferstark ist? Bleiben wir beim Beispiel mit den Vorsätzen zu Neujahr. Damit wir diese wirklich umsetzen, braucht es neben Motivation auch die Volition. Das ist ein Begriff aus der Psychologie. Einfach gesagt geht es um Einstellungen und Fertigkeiten der Selbststeuerung, die ich brauche, um an einer Sache dranzubleiben. Wollen allein reicht nicht. Ich muss auch fähig sein, mit Selbstzweifeln, Hindernissen und Rückschlägen umzugehen. In meinem wissenschaftlich entwickelten Transferstärke-Modell erweist sich zum Beispiel ein gutes Rückfallmanagement als ein wesentlicher Umsetzungsfaktor: Wie erkenne ich die Vorboten eines Rückfalls in alte Gewohnheiten? Und wie gehe ich mit ihnen um? Denn das Ziel bei Soft-Skills-Seminaren ist ja, Gewohnheiten wirkungsvoll zu ändern. Dieser Faktor gilt bei Silvestervorsätzen genauso wie beim Lerntransfer. Sobald ich erkenne, dass sich ein Rückfall ankündigt, muss ich entsprechend entgegensteuern.

Worauf kommt es bei Transferstärke noch an? Neben dem aktiven Rückfallmanagement setzt sich Transferstärke zusammen aus den Faktoren Offenheit für

Fortbildungsimpulse, Selbstverantwortung für den Umsetzungserfolg und dem positiven Selbstgespräch bei Rückschlägen. Letzteres bedeutet, der Lerner sollte freundlich zu sich selbst sprechen, wenn er gerade einen Rückschlag erlebt hat. Also nicht auf den Kritiker im Ohr hören. Sondern sich sagen: Diesmal hat es nicht geklappt, aber beim nächsten Mal mache ich es besser! Und kleine Erfolge feiern, statt immer gleich den großen Sprung zu erwarten.

Und wer das nicht kann? Der scheitert sehr wahrscheinlich in der Umsetzung. Seine Erwartungen sind übermäßig hoch und deshalb ist er schnell enttäuscht, was zum Aufgeben führt. Hat doch eh keinen Sinn!

Prof. Dr. Axel Koch lehrt seit 2012 als Professor für Training und Coaching an der Hochschule für angewandtes Management in Ismaning. Breite Bekanntheit erlangte er durch seinen unter dem Pseudonym Richard Gris verfassten Wirtschaftsbestseller „Die Weiterbildungslüge". Mit seiner vom deutschen Weiterbildungspreis 2011 ausgezeichneten Transferstärke-Methode trägt er zum Erfolg von Personalentwicklungsmaßnahmen bei.

www.transferstaerke.com

Dasselbe passiert, wenn jemand schlecht im Rückfallmanagement ist. Er erkennt die Vorzeichen nicht und erleidet einen Rückfall.

Transferstärke kann man messen, sagtest Du. Warum geschieht das in der Personalentwicklung so selten? Die HR hat bei der Psychologie des Lerntransfers Scheuklappen auf. Es dominiert immer noch eine Denke, die zentrale Einfluss-faktoren weitgehend ausblendet: Wer lernen und sich verändern will, der findet schon einen Weg. So läuft es aber nicht. Die Lerner steuern mitten hinein in ein Bermudadreieck aus schlechten Bedingungen.

Woraus besteht dieses Bermudadreieck? Es setzt sich aus drei Bedingungen zusammen: Der Lerner beherrscht das Rückfallmanagement unzureichend. Er hat zu wenig Zeit für die Umsetzung. Und seine Führungskräfte kümmern sich kaum um den Transfererfolg. Wenn diese Bedingungen zutreffen, geht die Umsetzung garantiert in die Hose.

Was rätst Du nun allen, die es besser machen und Transferstärke ernst nehmen wollen? Setzt Euch mit der Transferstärke-Methode auseinander, lernt sie kennen. Auf meiner Website stelle ich sie Euch vor. Transferstärke lässt sich entwickeln, das ist die gute Nachricht. Im Trockendock geht das aber nicht. Anhand eines erfolgs-kritischen Themas, das für sie relevant ist, können Eure Lerner am besten ihre Fertigkeiten zur Selbststeuerung trainieren. Sie lernen das Lernen und machen, wenn alles rund läuft, einen Veränderungsschritt.

9

WANN DU BEI E-LEARNINGS AUF DAS SELBSTBAUEN SETZEN SOLLTEST UND WANN NICHT

WELCHE ROLLEN IM PRODUKTIONSPROZESS ZU BESETZEN SIND

WARUM OPTIMIERTE FEEDBACK-PROZESSE DIR GROSSE VORTEILE BRINGEN

9. TIPPS ZUM PRODUKTIONS-PROZESS

MAKE OR BUY

Eine Frage, die wir oft hören: Soll ich meine E-Learnings selbst bauen oder diese Aufgabe besser einer Agentur überlassen?

Auch Dich mag diese Frage bewegen. Wir geben Dir hier eine kleine Entscheidungshilfe (siehe dazu die Grafik):

A. hohe Komplexität des Projekts, wenig Budget und Zeit: besser selbst bauen

B. niedrige Komplexität, genug Budget und Zeit: leiste Dir eine gute Agentur

C. niedrige Komplexität, wenig Budget und Zeit: selbst bauen ist angesagt

D. hohe Komplexität, genug Budget und Zeit: entweder selbst bauen oder eine Agentur engagieren

In Fall D solltest Du Deine jeweilige Entscheidung gut abwägen. Eine hohe Komplexität erfordert immer viele Abstimmungsschleifen mit der Agentur. Achte darauf, dass der dortige Autor sich schnell in fremde Materie mit hoher Komplexität einarbeiten kann. Am besten machst Du einen Test, wie gut die Zusammenarbeit klappt. Kompetente Autoren arbeiten sich rasch in neue Materie ein, urteilen dabei aus Sicht der Zielgruppe und haben didaktische Kompetenz und Schreibtalent.

BUDGET & ZEIT

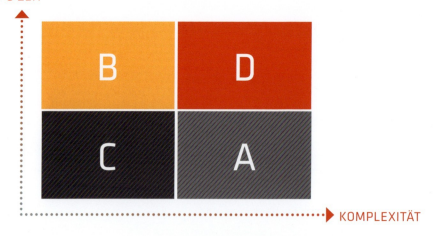

KOMPLEXITÄT

ROLLEN IM PRODUKTIONSPROZESS

Wie solltet Ihr Euch personell aufstellen für die Produktion von E-Learnings? Mehrere Rollen bzw. Funktionen sollten besetzt sein, damit alles rund läuft.

Wir stellen sie Dir vor:

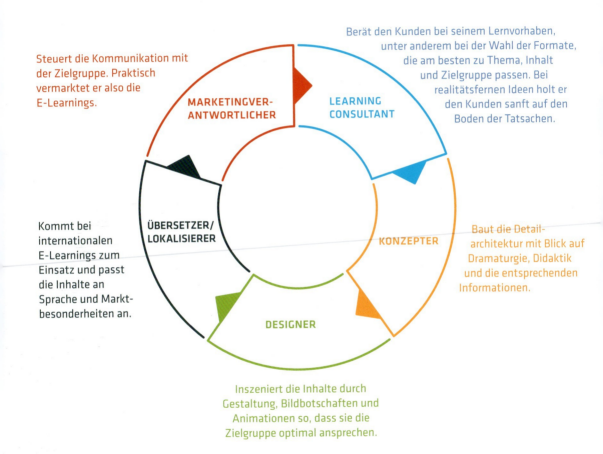

Steuert die Kommunikation mit der Zielgruppe. Praktisch vermarktet er also die E-Learnings.

MARKETINGVER-ANTWORTLICHER

Berät den Kunden bei seinem Lernvorhaben, unter anderem bei der Wahl der Formate, die am besten zu Thema, Inhalt und Zielgruppe passen. Bei realitätsfernen Ideen holt er den Kunden sanft auf den Boden der Tatsachen.

LEARNING CONSULTANT

Baut die Detail-architektur mit Blick auf Dramaturgie, Didaktik und die entsprechenden Informationen.

KONZEPTER

Kommt bei internationalen E-Learnings zum Einsatz und passt die Inhalte an Sprache und Markt-besonderheiten an.

ÜBERSETZER/ LOKALISIERER

Inszeniert die Inhalte durch Gestaltung, Bildbotschaften und Animationen so, dass sie die Zielgruppe optimal ansprechen.

DESIGNER

TREFFSICHERE EXZELLENZ
GELINGT AM EINFACHSTEN
MIT SPEZIALISTEN.

Wenn wir hier von Rollen sprechen, bedeutet das nicht zwangsläufig, dass jeweils eine Person eine Rolle erfüllt. Es kann durchaus eine Person zwei oder sogar drei Rollenfunktionen übernehmen. Nur solltet Ihr dann mögliche Konflikte ausschließen. Marketing und Konzeption sollten zum Beispiel nicht in einer Hand liegen. Denn sonst könnte in der Kommunikation die klare Zielgruppenperspektive geschwächt werden. Denn diejenigen, die das Produkt gebaut haben, sind nicht unbedingt auch die besten Verkäufer. Es besteht die Gefahr, dass sie zu produktfixiert kommunizieren.

Insgesamt raten wir Dir, eine Spezialisierung der Rollen anzustreben. In unserer eLearning Manufaktur arbeiten nur Spezialisten, sonst wäre eine durchgehend professionelle Qualität kaum möglich.

FEEDBACK-PROZESSE OPTIMIEREN

In welchen Teil der Produktion von E-Learnings musst Du am meisten Zeit investieren? Ins Feedback! Feedback-Prozesse sind nämlich wahre Zeitfresser und bedeuten viel Aufwand. Indem Du sie optimierst, sparst Du eine Menge Zeit, Geld und Nerven.

Wenn Du den Feedback-Prozess nicht steuerst, sieht er schnell so aus:

- Feedback-Geber A schickt Dir eine E-Mail mit einer langen Liste an Korrekturwünschen.

- Feedback-Geber B trägt seine Anmerkungen in ein PDF ein, die Datei legt er in Deine Dropbox.

- Feedback-Geber C klebt einfach ein paar Post-its auf einen Ausdruck, den Du dann auf Deinem Schreibtisch findest.

- Feedback-Geber D treibt es auf die Spitze: Heute mailt er, morgen ruft er an und übermorgen drückt er Dir einen Zettel mit handschriftlichen Kommentaren in die Hand.

Du siehst, jeder nutzt willkürlich das Medium bzw. den Kanal seiner Wahl. Und Du musst Dich durch dieses Chaos durcharbeiten. Die Feedbacks widersprechen sich zum Teil oder sie sind redundant. Vorab untereinander abstimmen können sich die Feedback-Geber auch nicht. Die Konsolidierung bleibt Dir überlassen – ein wahrer Abstimmungsmarathon! Hinzu kommt die zeitliche Dimension: In der Regel lassen Dich Stakeholder und Content Owner warten. Alle Hände voll zu tun! Keine Zeit, aber nächste Woche gaaanz bestimmt!

Das Gegenmittel gegen Chaos beim Feedback: Erlaube von Anfang an nur einen Feedback-Kanal, und zwar online! Achte bei der Auswahl des Autorentools darauf, dass es einen integrierten Feedback-Prozess bietet. Das Feedback aller Beteiligten kommt so an einer Stelle zusammen. Jeder sieht die aktuelle Version des Formats, was Mehrfachnennungen von Rechtschreibfehlern etc. vermeiden hilft. Außerdem hast Du stets im Blick, in welcher Phase sich das Projekt befindet und wessen Feedback noch aussteht.

Gegen Schlendrian, sprich verspätete Feedbacks, hilft gute Kommunikation: Bastele ein kleines Video, in dem Du den Feedback-Gebern erklärst, wie der Feedback-Prozess abläuft und auf welche Weise sie zu ihm beisteuern sollten.

Noch eine Erfolgsmeldung am Rande: Dank optimierter Feedback-Prozesse haben wir in der eLearning Manufaktur den Zeitaufwand für die Feedback-Bearbeitung um rund 40 Prozent gesenkt. Also wieder mehr Zeit für Kreativität und Innovation.

MAKE OR BUY?

- Entscheidung hängt von Komplexität, Zeit und Geld ab
- Agentur vor Zusammenarbeit testen

ROLLEN IM PRODUKTIONSPROZESS

- spezialisierte Rollen sorgen für professionelle Qualität
- Mehrfachbesetzung möglich, aber nicht immer ratsam

FEEDBACK-PROZESSE OPTIMIEREN

- nur Online-Feedback zulassen
- Feedback-Prozess ist ins Autorentool integriert
- Optimierung bringt hohe Zeitersparnis

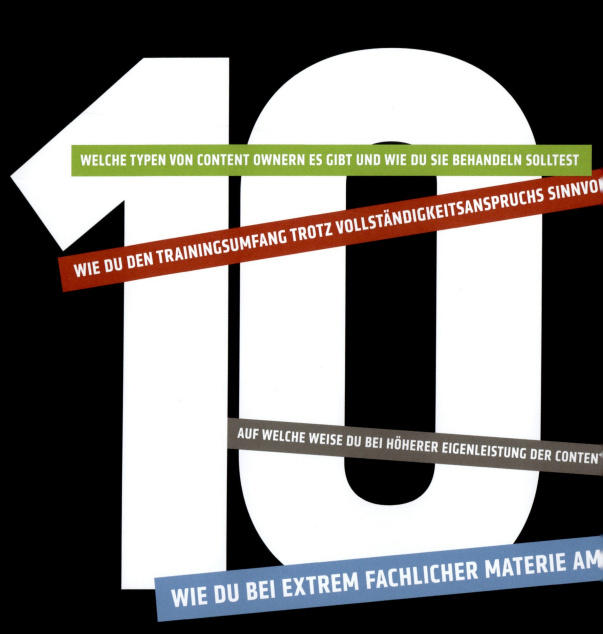

WELCHE TYPEN VON CONTENT OWNERN ES GIBT UND WIE DU SIE BEHANDELN SOLLTEST

WIE DU DEN TRAININGSUMFANG TROTZ VOLLSTÄNDIGKEITSANSPRUCHS SINNVO

AUF WELCHE WEISE DU BEI HÖHERER EIGENLEISTUNG DER CONTEN

WIE DU BEI EXTREM FACHLICHER MATERIE AM

10. UMGANG MIT CONTENT OWNERN

EDUZIERST

WNER EIN DIDAKTISCH WERTVOLLES PRODUKT SICHERSTELLST

BESTEN VORGEHST

ZWEI TYPEN VON CONTENT OWNERN

Content Owner bzw. Fachexperten zählen zu den wichtigsten Kooperationspartnern, wenn Du E-Learnings produzierst. Sie sind praktisch Deine ersten Kunden. Du musst Dich mit ihnen abstimmen, sie geben Dir Feedbacks. Die Zusammenarbeit ist intensiv und sollte reibungslos laufen. Wie gehst Du also am besten mit ihnen um? Unserer Erfahrung nach lassen sich Content Owner in zwei Typkategorien einordnen: die Detailfüchse und die Oberflächlichen. Beide Typen haben ihre Eigenheiten, die Du kennen und berücksichtigen solltest, damit Dein Projekt zum Erfolg wird. Hier unsere Empfehlungen:

DER DETAILFUCHS

Er will so viele Details wie möglich ins Training packen. Gerne würde er auch jedes Wort mit Dir von links auf rechts drehen. Weil er sich mit Vorliebe in Kleinigkeiten verbeißt und alles ausdiskutieren will, ist der Aufwand für Abstimmungen hoch und die Feedback-Prozesse dauern ewig lang. Ihm kommst Du nur mit Klarheit und Strukturiertheit bei. Das heißt: Projektziele, Lernziele und die Trainingsstruktur musst Du glasklar definieren. Dann kannst Du den Detailfuchs immer wieder auf diese verweisen und ihn so besser steuern. Eine gewisse Härte Deinerseits gehört dazu: „Sorry, diese Frage haben wir bereits geklärt!" oder „Das passt nicht zu den Lernzielen."

DER OBERFLÄCHLICHE

Anfangs ist der Umgang mit ihm easy und entspannt. Das dicke Ende kommt dann meist, wenn die Produktion abgeschlossen ist. Plötzlich hat er diesen oder jenen tollen Einfall, der unbedingt noch umgesetzt werden muss. Was bedeuten würde, das Produkt einfach mal komplett umzubauen. Damit es gar nicht erst so weit kommt, musst Du mit dem Oberflächlichen während des Produktionsprozesses klar kommunizieren. Weise ihn bei wichtigen Entscheidungen darauf hin, dass diese später nur mit großem Aufwand korrigierbar sein werden. Mach ihm bewusst, dass jede Festlegung bestimmte Konsequenzen hat. Sollte er trotzdem am Ende auf einem Änderungswunsch beharren, lege ihm die Rechnung vor: Können wir gerne umsetzen, aber die Kosten laufen auf Deine Kostenstelle! Meist hat sich das Problem dann erledigt.

Den Detailfuchs führst Du also mit klarer Ausrichtung und Zielsetzung. Beim Oberflächlichen setzt Du auf eine klare Ablaufstruktur. Die meisten Content Owner kannst Du grob diesen beiden Typen zuordnen. Graustufen gibt es natürlich einige, aber wir haben hier bewusst zwei trennscharfe Darstellungen gewählt.

TRAININGSUMFANG REDUZIEREN

Kommen wir zu einer kniffligen Aufgabe. Was tun, wenn der Content Owner eine viel zu große Menge an Wissen ins Training packen will? Solch ein Vollständigkeitsanspruch kann mehrere Gründe haben. Vielleicht definiert der Content Owner sein Ego über sein Wissen. Oder er ist einfach nicht in der Lage, Wichtiges von Unwesentlichem zu trennen. In beiden Fällen stehst Du vor der Herausforderung, einen enormen Wissensberg so zu reduzieren, dass am Ende ein vernünftig dimensioniertes Lernprodukt steht. Ach ja, verärgern oder frustrieren willst Du den Content Owner auch nicht. Diplomatisches Vorgehen ist gefragt.

Wie gehst Du also vor? Nehmen wir an, ein Content Owner legt Dir stolz seine 400-Folien-Präsentation vor. Alles total wichtig und wissenswert, behauptet er. Denkste, denkst Du Dir. Du willst den Wissensberg sinnvoll schrumpfen. Dabei hilft Dir die Methode der Fragen-Pyramide, die wir Dir schon beim Thema „Lernziele setzen" gezeigt haben: Mit Deinem Team wählst Du aus, welche Fragen für den Lerner wirklich wichtig und welche eher nachrangig sind. Nur die wichtigsten Fragen fließen in Dein Lernprodukt ein.

Mit diesem Vorgehen hast Du das Wesentliche erreicht: Das Lernprodukt vermittelt die allerwichtigsten Inhalte per Lernen auf Vorrat. Und was ist mit dem Rest? Der Großteil der übrigen Fragen wird über Learning on demand vermittelt. Dem Content Owner kannst Du dies wie folgt erklären: Wir wollen, dass die Lerner im ersten Schritt die „Perlen" Deines Wissens erlernen. Deine weiteren spannenden Inhalte bieten wir on demand an. Der Lerner kann diese Informationen also ganz einfach nachschlagen, wenn er sie braucht.

In vielen Fällen wird eine Art Bodensatz an Fragen übrig bleiben, der für das Learning on demand nicht relevant ist. Aus Deiner Sicht sind es überflüssige Inhalte. Dem Content Owner sagst Du das natürlich nicht so brutal offen. Du verweist lieber darauf, dass diese Inhalte „bedarfsorientiert produziert" werden.

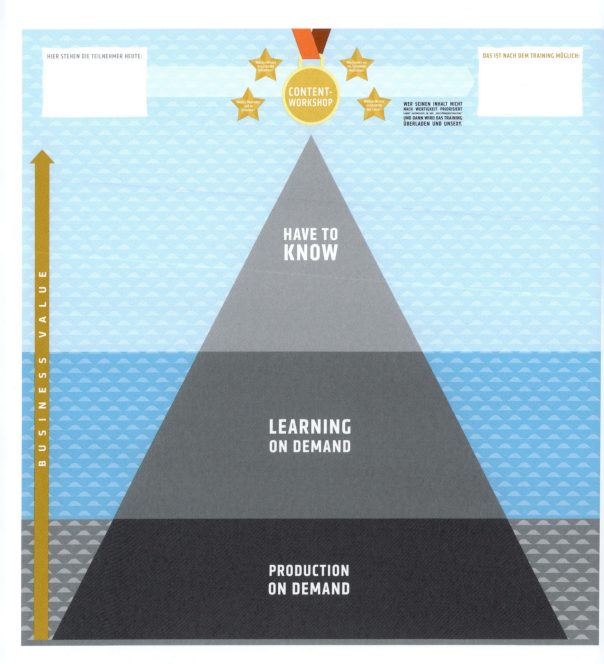

Unser Template-Set für Workshops mit Content Ownern.
Hol es Dir auf www.bildungsinnovator.de.

Also auf Wunsch von Teilnehmern, die spezielle Fragen haben. In der Regel stellt aber kaum ein Teilnehmer solche Rückfragen. Das heißt, die überflüssigen Inhalte verschwinden im Nirwana.

Als Ergebnis hast Du den Inhalt der 400 Folien sinnvoll reduziert:

- Rund 30 Folien sind Basis für das Lernprodukt (Lernen auf Vorrat).

- Alle weiteren wichtigen Folien liefern Inhalte für ein Nachschlagewerk (Learning on demand).

- Überflüssige Folien bzw. Inhalte fallen raus.

EIGENLEISTUNG DER CONTENT OWNER

Bei schwierigen und komplexen Themen ist es oftmals ratsam, dass Du den Content Owner selbst an der Umsetzung beteiligst. Er kennt die Materie am besten, Du hingegen müsstest Dich erst mühsam und zeitraubend einarbeiten. Wie überzeugst Du ihn aber, mehr Eigenleistung zu erbringen? Und wie stellst Du sicher, dass am Ende trotzdem eine didaktisch hochwertige Lösung herauskommt? Schließlich sind Content Owner in der Regel keine Didaktiker. Die Antwort ist: Du musst ihm die Arbeit einfach machen und ihn durch didaktische Hilfsmittel unterstützen. Auf drei Aspekte kommt es dabei an:

LEICHT BEDIENBARES AUTORENTOOL

Das geht einfacher als in Word! Wenn das Tool dieses Versprechen erfüllen kann, wird Dein Content Owner erleichtert sein und es gerne benutzen. Achte also bei der Auswahl des Tools auf leichte Bedienbarkeit. Du und Dein Team profitieren natürlich ebenfalls davon.

FRAGENORIENTIERTE DIDAKTIK

Auch mit einer klaren didaktischen Struktur hilfst Du dem Content Owner enorm. In der eLearning Manufaktur arbeiten wir zum Beispiel mit Lernkarten. Oben auf der Karte steht jeweils eine Frage, darunter schreibt der Autor die Inhalte, die der Teilnehmer beherrschen muss, um die jeweilige Frage beantworten zu können. Dieses klare strenge Format diszipliniert den Content Owner. Für ausufernde

Erklärungen ist kein Platz. Er kann zielgerichtet arbeiten und sich auf das Wesentliche konzentrieren.

EINSATZ VON TEMPLATES

Eine weitere Arbeitserleichterung sind gut strukturierte Templates. Im Idealfall entwickelst Du sie gemeinsam mit dem Content Owner im Autorentool. Danach kann er diese Vorlagen eigenständig mit Inhalten befüllen. Das Grundproblem ist damit gelöst: Mehr Eigenleistung des Content Owners bedeutet, dass Du mehr Verantwortung für das Endprodukt an ihn überträgst. Das kann problematisch sein, weil er in der Regel ein didaktischer Laie ist und (sorry!) eher zum Fachidiotentum neigt. Mit den drei beschriebenen Lösungen behältst Du aber das Heft in der Hand und sorgst für eine hohe didaktische Qualität dieses Produkts.

EXTREM FACHLICHE MATERIE

Was tun, wenn es richtig schwierig wird? Bei einer extrem fachlichen Materie stößt Du an die Grenzen Deiner Urteilskraft. Es wird Dir schwerfallen, die Relevanz der jeweiligen Inhalte einzuschätzen. Was ist wichtig, was nicht? Der Content Owner als Experte wird Dir da keine große Hilfe sein. Für ihn ist natürlich alles relevant und wissenswert. Du aber bist Anwalt des Lerners. Du beurteilst und entscheidest aus seiner Perspektive. Wenn das aufgrund des Schwierigkeitsgrads der Materie nicht möglich ist, brauchst Du Hilfe.

Unser Tipp: Schnappe Dir jemanden, der sich mit der Materie gut auskennt. Idealerweise eine Person aus der Zielgruppe. Durch sie erhältst Du eine Zweitmeinung, eine alternative Sicht auf die Thematik. Ziel ist, dass Ihr die hochkomplexe Materie in gut verdauliche Inhalte verwandelt, die der Zielgruppe schmecken.

Überhaupt ist leichte Verständlichkeit ein großes Thema. Kaum etwas ist im Lernprozess lästiger als eine Flut an Fachbegriffen, die keiner versteht. Wenn Deine Lerner ständig in einem Glossar nachschauen müssen, hast Du etwas falsch gemacht. Mehrdeutige oder komplett unverständliche Informationen verwirren das Gehirn. Schwierige Materie musst Du deshalb vereinfachen, sonst ist der Lernerfolg futsch.

ZWEI TYPEN VON CONTENT OWNERN

- Detailfüchse mit klarer Ausrichtung führen
- den Oberflächlichen die Ablaufstruktur verdeutlichen

TRAININGSUMFANG REDUZIEREN

- Inhalte priorisieren
- Wesentliches als Lernen auf Vorrat anbieten
- weniger Wichtiges als Learning on demand

ÜBERFLÜSSIGES AUSSORTIEREN

- Eigenleistung der Content Owner
- Content Owner bei Arbeit unterstützen, technisch und didaktisch
- durch leicht bedienbares Autorentool
- durch fragenorientierte Didaktik
- durch Einsatz von Templates

EXTREM FACHLICHE MATERIE

- Kenner aus Zielgruppe hinzuziehen
- relevante Inhalte mit seiner Hilfe auswählen

11

WIE DU EINE EINFACHE UND EFFEKTIVE

WELCHE TIPPS DU BEI DER KONZEPTION

11. INTERNATI- ONALISIERUNG

ÜBERSETZUNG DER INHALTE ANGEHST

BERÜCKSICHTIGEN SOLLTEST

EFFEKTIVE ÜBERSETZUNG

Wenn Dein Lernprodukt in mehreren Ländern eingesetzt werden soll, wird Dich dieses kurze Kapitel besonders interessieren. Für eine gute Internationalisierung kommt es nicht nur auf eine sprachlich solide Übersetzung an. Auch bei der Konzeption solltest Du auf ein paar Dinge achten.

Am Anfang steht die Frage: Wie übersetzt Du Deine Inhalte einfach und effektiv?

So gehst Du vor:

- Im Autorentool liegt Dir die deutsche bzw. englische Basisversion vor.

- Exportiere diese in eine Datei.

- Das Übersetzungsbüro erstellt nun die jeweiligen Sprachversionen.

- Diese Sprachversionen importierst Du zurück in Dein Tool.

- Jetzt prüfst Du die sprachliche Qualität (am besten mithilfe von Native Speakers).

- Dann folgt die Lokalisierung: die Anpassung der Inhalte an die regionalen Gegebenheiten.

Die Lokalisierung erfolgt stets nach der Übersetzung. Lokalisieren bedeutet zum Beispiel, solche Details wie Maß- oder Währungsangaben anzupassen. Aus Zentimeter wird Inch. Aus Euro wird Dollar. Vielleicht musst Du aber auch kulturelle Eigenheiten beachten. Die Lokalisierung ist praktisch der inhaltliche Feinschliff, der nötig ist, damit Dein Lernprodukt in jeder Sprachversion glänzen kann.

In der Regel überträgst Du das Lokalisieren einem Mitarbeiter, der nicht jeden Tag mit einem Autorentool arbeitet. Achte also darauf, dass das Tool eine leichte Lokalisierung von Inhalten unterstützt. Ein absolutes No-Go wäre, wenn Du Drehbücher übersetzen lassen und sie dann x-mal im Autorentool nachbauen musst.

DEIN TOOL MUSS
SCHNELL UND EINFACH
SEIN BEI LOKALISIERUNGEN.

TIPPS FÜR DIE KONZEPTION

Deine Zielgruppe ist mehrsprachig und hat einen unterschiedlichen kulturellen Background? Schon in der Konzeptionsphase solltest Du ein paar Dinge beachten:

KULTURELLE UND ALLTAGSPRAKTISCHE UNTERSCHIEDE

Bei uns ist das Handgeben zur Begrüßung üblich, anderswo kommt es komisch rüber. Ebenso kann es sein, dass ein Produkt in einem anderen Land anders konfiguriert ist. Entweder passt Du solche Inhalte im Zuge der Lokalisierung aufwendig an. Oder Du lässt sie im Zweifel einfach weg, damit das E-Learning nicht durch kritische oder irrelevante Aspekte den Lerner irritiert.

UNTERSCHIEDLICHE SCHRIFTLÄNGEN

In Deinem Produkt siehst Du für den Text bestimmte Laufweiten vor. Achte für die Internationalisierung darauf, dass manche Sprachen, wie zum Beispiel Russisch, wesentlich längere Laufweiten als das Deutsche erfordern. Wir selbst verwenden Autorentools, die flexible Schriftlängen zulassen. Wenn Dein Tool das nicht leistet, zerlegt Dir eine überlange Laufweite unter Umständen das Design.

REDEWENDUNGEN

Eine bildreiche Sprache macht Inhalte lebendig – leider ist sie aber zum Teil schwer zu übersetzen. Für Redewendungen wie „Der Apfel fällt nicht weit vom Stamm" muss dann mühsam das italienische oder dänische Äquivalent gefunden werden. Ärgerlich wäre auch, wenn die Gestaltung geändert werden muss, weil ein Foto oder eine Illustration sich auf ein nicht übersetzbares sprachliches Bild bezieht.

VIDEOS

Wenn in Videos ein Sprecher zu sehen ist, hast Du drei Optionen zur Wahl. Du kannst ganz einfach Untertitel in der neuen Sprache einsetzen. Oder Du nutzt eine Spracheinblendung: Der Ton des bisherigen Sprechers wird nach ein paar Sekunden ausgeblendet, darüber wird ein Sprachkommentar in der neuen Sprache gelegt. Die teuerste Variante ist die Synchronisierung. So wie in einem Spielfilm spricht der bisherige Sprecher dann die neue Sprache.

EFFEKTIVE ÜBERSETZUNG

- erst übersetzen, dann lokalisieren
- Autorentool sollte einfache Lokalisierung unterstützen

• TIPPS FÜR DIE KONZEPTION

- kulturelle Unterschiede beachten
- Schriftlängen sind oft anders
- Redewendungen erschweren die Übersetzung
- Videos erfordern Untertitel, Spracheinblendung oder Synchronisierung

12

WIE DU DIE UPDATES DEINER E-LEARNINGS ORGANISIEREN SOLLTEST

AUF WELCHE WEISE DU INTERNATIONALE TRAININGS AKTUALISIERST

WIE DU MIT DEN BISHERIGEN

12. UPDATES

UPDATES ORGANISIEREN

Das Updaten von Lernprodukten wird gerne vergessen. Weil es um eine Menge Kleinkram geht, die viel Arbeit macht.

Dumm nur, dass sich dann irgendwann ein Riesenberg an veralteten E-Learnings angesammelt hat. Am schlimmsten ist aber, wenn die Lerner einen schlechten Eindruck bekommen. Wer möchte im Jahr 2018 schon den Hinweis „Letztes Update 2010" lesen? Lerninhalte, die nicht mehr up to date sind, wecken Misstrauen und beschädigen das Image Deiner E-Learning-Marke.

Schiebe das Updaten also nicht bis zum Sankt Nimmerleinstag auf, sondern überlege Dir von Anfang an eine gute Update-Strategie. Gefragt sind intelligente Update-Prozesse, die stets aktuelle Inhalte garantieren und Dir die Arbeit erleichtern.

Bei der Konzeption Deines Lernprodukts geht es schon los: Schaue Dir Dein Produkt gut an. Bei welchen Inhalten auf welchen Seiten wirst Du aller Voraussicht nach in Zukunft Hand anlegen, sprich ein Update machen müssen? Wenn Du Dein Produkt auf diese Weise durchleuchtest, kannst Du den kommenden Bedarf besser einschätzen und entsprechend vorplanen.

Am besten planst Du schon beim Launch des Produkts den ersten Update-Schritt ein. Nach beispielsweise sechs Monaten setzt Du Dich mit dem Content Owner zusammen und Ihr geht alle Inhalte durch. Wo muss etwas geändert oder ergänzt werden? Im Idealfall nehmt Ihr die Änderungen direkt im Autorentool vor. Schon ist das Lernprodukt wieder up to date.

Glaub uns: Es ist besser, viele kleine Update-Schritte zu machen, als den erwähnten Riesenberg abtragen zu müssen. Also keine Angst vorm Update!

**BESSER UPDATEN IN
KLEINEN SCHRITTEN, ALS
EINEN RIESIGEN BERG AUFSCHIEBEN.**

INTERNATIONALE TRAININGS AKTUALISIEREN

Nicht jede kleine Änderung in der deutschen Basisversion muss unbedingt in allen anderen Sprachversionen umgesetzt werden. Wie vermeidest Du, dass die lokalen Marktverantwortlichen mit Änderungen zugeschüttet werden?

Wir empfehlen Dir, den jeweiligen Autor, der die Änderung gemacht hat, entscheiden zu lassen: Ist das Update wirklich relevant für die lokalen Versionen? So baust Du einen sinnvollen Filter ein. Nur wenn der Autor die Änderung für wichtig hält, erhalten die Verantwortlichen vor Ort die Änderungsaufgabe.

Bei größeren Updates gehst Du wie folgt vor: Du splittest das Update in mehrere Teile, die dann einzeln übersetzt und in die regionalen Versionen eingebaut werden. Das entspricht dem Vorgehen im regulären Übersetzungsprozess.

UMGANG MIT BISHERIGEN LERNSTÄNDEN

Lernprodukte kannst Du relativ leicht updaten. Aber was ist mit den Lernständen der bisherigen Teilnehmer? Je nach Umfang des Updates sind die Lerner ja auf einem mehr oder minder veralteten Lernstand.

Gehe so vor: Entscheide auf Basis der erfolgten Änderungen, ob es notwendig ist, die Lerner auf den neuesten Stand zu bringen. Sind neue wichtige Inhalte hinzugekommen? Ist ein größerer Anteil des Trainings überarbeitet worden?

Wenn Deine Antwort Ja lautet, dann stelle einfach ein neues Lernmodul ein, das klar als Update-Version gekennzeichnet ist. Also zum Beispiel „Version 2018". Die bisherige Version des Lernmoduls nennst Du „Version 2017". Die Lerner sehen auf diese Weise sofort, dass sich etwas geändert hat und es neuen Stoff gibt.

UPDATES ORGANISIEREN

- Update-Prozess von Anfang an planen
- regelmäßig updaten
- Content Owner in Aufgabe einbinden

INTERNATIONALE TRAININGS AKTUALISIEREN

- Änderungen nach Relevanz für lokale Versionen filtern
- Autor der Basisversion entscheidet
- größere Updates splitten und einzeln einfügen

UMGANG MIT BISHERIGEN LERNSTÄNDEN

- Relevanz der Änderungen beurteilen
- neues Modul für Lerner kennzeichnen

Empfehlungen

Glückwunsch! Du bist (fast) durch. Im folgenden Teil haben wir noch einige Tipps & Tricks für Dich, wie Du häufige Fehler vermeidest oder ausbügelst. Außerdem stellen wir Dir drei unserer besten Tools vor. Aber der großartige Titel E-Learning Mastermind ist Dir bereits sicher. Du hast ihn Dir echt verdient.

Nun fragst Du Dich vielleicht: Was kann ich noch tun, um meine E-Learning-Kompetenz auszubauen?

Wir haben da natürlich etwas für Dich. Oder besser gesagt, wir haben eine ganze Menge für Dich: Webinare, Lernvideos, Seminare vor Ort, Workshops, und, und, und.

Schau einfach mal auf unsere Seite:
www.bildungsinnovator.de

Und wer weiß, bei der einen oder anderen Gelegenheit laufen wir uns vielleicht persönlich über den Weg. Wir freuen uns auf jeden Fall darauf. Falls Du jetzt schon eine Frage hast, kannst Du sie uns direkt mailen.

Wir wünschen Dir viele inspirierende Abenteuer als E-Learning Mastermind!

Deine Mirja und Dein Dirk

MIRJA@BILDUNGSINNOVATOR.DE   **DIRK@BILDUNGSINNOVATOR.DE**

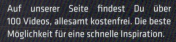

ICH WILL INSPIRIERT WERDEN

KOSTENLOSE VIDEOS

Auf unserer Seite findest Du über 100 Videos, allesamt kostenfrei. Die beste Möglichkeit für eine schnelle Inspiration.

KOSTENLOSE WEBINARE

In den Webinaren kannst Du Dich inspirieren lassen, Deine konkreten Probleme vortragen und Fragen stellen.

IMPULSVORTRAG

Dein Team soll über den Tellerrand hinausschauen? Stelle Dir aus unserem Themenbuffet ein Wunschmenü zusammen und wir sprengen ein paar Denkgrenzen.

EDUTRENDS

Einen Abend lang bekommst Du von Albrecht Kresse und uns kleine und große Inspirationen serviert. In kurzweiligen drei Stunden führen wir Dich mit Spaß und Gaumenfreude in neue Trends ein.

DAS GROSSE PE-GLOSSAR

Endlich Durchblick im Fachbegriffe-Dschungel. Hier lernst Du die wichtigsten PE-Begriffe einfach, klar und verständlich kennen.

ICH WILL BLENDED-LEARNING-PROJEKTE UMSETZEN

DER BLENDED-LEARNING BAUKASTEN

Mit diesem Baukasten kannst Du sehr effektiv neue Blended-Learning-Konzepte erstellen und präsentieren. Mit 696 Teilen ist der Koffer das beste Werkzeug für echte Blended-Learning-Designs.

DER BLENDED-LEARNING KREATIVWORKSHOP

Hier tobst Du Dich gemeinsam mit anderen in der besten Konzeptmethode der Welt kreativ aus. Danach kannst Du mit mehr Leichtigkeit Blended-Learning-Konzepte erstellen.

DER BLENDED-LEARNING CONSULTANT

Das beste Ausbildungsprogramm für Blended-Learning Consultants. In drei Tagen wirst Du zum Experten für Blended-Learning-Konzepte.

BLENDED-LEARNING MENTORING

Ihr wollt Euer Portfolio auf Blended Learning umstellen? Mit dieser Intensivbetreuung über sechs Monate hinweg vermeidet Ihr die wichtigsten Fehler und könnt kontinuierlich unsere Erfahrung und unser Know-how anzapfen.

INNOVATIONLAB: TRANSFER

An einem Tag mit anderen Personalentwicklern wirksame Transfer-Apps bauen.

TRANSFERDESIGN-TOOLKIT

Das Workshop-Set, um effektive Transferkonzepte zu designen.

BUCH: DIE BLENDED-LEARNING FIBEL

Das effektivste Vorgehensmodell für Blended-Learning-Konzepte mit Erfolgsgarantie.

ICH WILL UNSER E-LEARNING STÄRKEN

E-LEARNING-BASICS-SEMINAR

In diesem Seminar bekommst Du knackige Impulse für ein modernes E-Learning. Von Produktionsstrategien bis Technologie, von Didaktik bis zu Transferkonzepten.

E-LEARNING-ADVANCED-WORKSHOP

Ihr habt bereits sehr viele Erfahrungen mit E-Learning gesammelt? Doch die Akzeptanz ist noch nicht ausreichend? In diesem Workshop erarbeiten wir die nächste Entwicklungsstufe Eurer E-Learning-Strategie.

E-LEARNING-MASTERKURS

In diesem Online-Videokurs erhältst Du wertvolle Antworten auf die wichtigsten Fragen rund ums Thema E-Learning. Videoimpulse und sofort umsetzbare Checklisten unterstützen Dich.

BUCH: HIGHCLASS E-LEARNING

Unser gesamtes Know-how endlich in einem Buch.

OFFENES EVENT

INHOUSE-WORKSHOP SEMINAR

ICH WILL MEHR ÜBER NEUROWISSENSCHAFT ERFAHREN

NEURO-BASICS

In diesem Online-Videokurs lernst Du die wichtigsten neurowissenschaftlichen Erkenntnisse in Bezug auf Emotionen, Lernen, Kommunikation und Entscheidungen kennen.

NEURO-LEARNING

In diesem Seminar eignest Du Dir die wichtigsten Lerntechniken für Erwachsene an. Ein Muss für jeden Personalentwickler, der über Bildungskonzepte entscheidet.

NEURO-TRAINING

Du erfährst, wie Du Trainingsdesigns so konzipierst, dass die Behaltensquote massiv steigt und das Seminar von Anfang bis Ende spannend bleibt.

ICH WILL TRAININGSPROJEKTE RICHTIG UMSETZEN

DAS YUMMY-TOOLKIT

Der erste Qualitätsstandard für Trainings. Mit diesem Werkzeug hast Du die effektivste Möglichkeit in der Hand, um in einer stabilen Projektstruktur ein anspruchsvolles Lernprodukt zu kreieren.

DER PROJEKT-BOOSTER

Du hast ein wichtiges Projekt auf dem Tisch, das ziemlich fad schmeckt? In diesem Workshop verwandeln wir die Dosenravioli in ein Yummy-Dinner.

PROJEKTMARKETING-KURS

22 Kommunikationshacks, die Dir mehr Aufmerksamkeit in Deiner Zielgruppe bescheren.

PROJEKTMARKETING WORKSHOP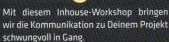

Mit diesem Inhouse-Workshop bringen wir die Kommunikation zu Deinem Projekt schwungvoll in Gang.

DER DIDAKTIK-ARCHITEKT

Das modulare Baustein-System für hochwertige Didaktik. Perfekt für Nicht-Didaktiker.

ICH WILL UNSERE STRATEGIE VORANBRINGEN

STRATEGIE-WORKSHOP

Nur wenn Du weißt, wo Du hinwillst, kannst Du die richtigen Entscheidungen treffen. In diesem Workshop bekommst Du Klarsicht für Eure Ausrichtung.

LEARNING STANDARDS

Damit Du produktiver und effizienter in der Umsetzung von Trainingsprojekten wirst, brauchst Du durchdachte Standards. Im Workshop lernst Du Einsatzmöglichkeiten und Umsetzungsprozesse kennen.

INNOVATIONSKRAFT

Dein Team braucht mehr Bildungsinnovationen. Doch häufig fehlen Euch die Zeit und manchmal auch die richtigen Ideen? In diesem Workshop lösen wir Zeitverschwender auf und lenken die Kreativität in die richtige Richtung.

Der smarte Weg **zur Exzellenz**

TOOL   **KOSTENLOS**

TIPPS & TRICKS

HÄUFIGE
FEHLER

FALSCHES THEMA ZUM START

Bei der Einführung von E-Learning solltest Du unbedingt mit einem Thema starten, das für die Lerner spannend und interessant ist. Wenn es ihnen relevant erscheint, ist ihre Motivation hoch, das E-Learning durchzuziehen. Ein wahrer Spannungskiller wäre hier das Thema Compliance, weil es dem Lerner zu wenig persönlichen Nutzen bringt. Aber leider steht es oftmals in der Agenda der Unternehmensführung ganz oben. Natürlich musst Du dieses Thema auch anbieten, wenn es gewünscht ist, aber bitte nicht zum Start von E-Learning. Wir können Dir von Fällen berichten, in denen das geschehen ist und zudem didaktisch schlecht umgesetzte Standardtrainings zum Einsatz kamen. Jedes Mal mussten wir danach das angeschlagene Image von E-Learning mühsam wieder aufbauen.

ANGEBOT ZU KLEIN

Für jeden was dabei! Das sollten die Lerner idealerweise denken, wenn sie sich Dein E-Learning-Angebot anschauen. Kein Thema wird für alle Mitglieder einer Zielgruppe gleichermaßen relevant sein. Daher brauchst Du eine gesunde Mischung aus Themen, die verschiedene Interessenlagen bedienen. Die Mischung macht's also. Klug von Dir zusammengestellt reichen fünf, sechs, sieben Module, um die gewünschte Vielfalt zu erzielen.

ZU VIELE FUNKTIONEN

Verwirre Deine Lerner nicht mit einer Überzahl an Funktionen im LMS. Weniger ist mehr! In der Startphase von E-Learning solltest Du mit einer geringen Zahl an nützlichen Funktionen beginnen. Frage Dich: Was ist die simpelste Version, die ich bereitstellen kann? Weitere Funktionen kannst Du dann später schrittweise freigeben. Jeder Schritt ist ein Kommunikationsanlass. Zeige der Zielgruppe, dass Du wieder etwas Neues für sie hast, das ihr weiterhilft.

NICHT NEIN SAGEN KÖNNEN

Ja, machen wir! Und schon hast Du den Salat. Manche Themen sind einfach nicht für E-Learning geeignet. Wenn solche Anfragen an Dich herangetragen werden, musst Du Nein sagen. Im Interesse der Lerner, die sich sonst durch ein schlechtes E-Learning quälen müssen. Aber auch in Deinem Interesse. Denn das von Dir sorgsam aufgebaute Image von E-Learning wird durch eine falsche Themenwahl beschädigt. Faustformel hier: Um eine einzige negative Erfahrung mit E-Learning auszubügeln, braucht es sieben gute Erfahrungen. Also sage lieber einmal zu viel Nein, als Dich nachher mit negativen Feedbacks und demotivierten Lernern herumzuplagen.

KEINE EINFÜHRUNGSBEGLEITUNG

E-Learning darfst Du nicht einfach so auf die Lerner loslassen. Sie brauchen eine solide Begleitung bei ihren ersten Gehversuchen mit den neuen Tools. Mit einem vernünftigen Begleitkonzept holst Du alle Mitglieder Deiner Zielgruppe sinnvoll ab. Je nach Zusammensetzung der Zielgruppe stehen Dir mehrere Wege offen. Du kannst zum Beispiel einen Erklärfilm oder Webinare anbieten. Wenn Du Lerner mit wenig Technikerfahrung hast (meistens sind dies ältere Mitarbeiter), ist „betreutes Klicken" eine gute Möglichkeit: Technikaffine Lerner (in der Regel sind dies Angehörige der Generation Y oder Millennials) demonstrieren den Unerfahrenen in einer kurzen gemeinsamen Session, wie man das Lerntool bedient. Das klappt in der Regel sehr gut.

FEHLENDE KOMMUNIKATION

Dein neues Lernprodukt ist fertig. Du bist überzeugt, dass die Lerner es begeistert nutzen werden. Dein Optimismus ist derart groß, dass Du auf Kommunikation glatt verzichten willst. Fehler! Denn ohne Werbung läuft es nicht. Woher sollen die Lerner denn wissen, dass es das Lernprodukt überhaupt gibt? Und was es für sie leisten kann? Ja, es ist wirklich so wie mit einem Produkt, das Du im Supermarktregal platzierst. Du musst es stetig bewerben und dem Verbraucher erklären, was es so besonders macht. Den Nutzen Deines Produkts solltest Du also besser mit den richtigen Argumenten kommunizieren, und das über längere Zeit hinweg, wieder und wieder. Überlege Dir schon in der Konzeptionsphase eine gute Vermarktungsstrategie.

BELIEBTHEIT VON E-LEARNING ÜBERSCHÄTZEN

E-Learning macht Spaß. So denkst wahrscheinlich Du, aber nicht alle in Deiner Zielgruppe. Gehe besser davon aus, dass nur wenige Lerner ähnlich enthusiastisch wie Du sind, wenn sie das Wort E-Learning hören. Manche haben bereits in anderen Unternehmen Erfahrungen damit gesammelt, und nicht immer die besten. Eine eher negative Grundhaltung der Lerner hat meist zwei Gründe: Im Vergleich zu Präsenzseminaren fehlt der soziale Austausch mit Kollegen. Dieser wird immer wieder als größter Pluspunkt genannt, wenn Teilnehmer ein Seminar bewerten. Außerdem bringen viele Lerner keine besonders hohe Selbstlernkompetenz mit. Sie scheuen deshalb die Auseinandersetzung mit Tools, die auf Selbstlernen setzen. Du kannst ihre Bedenken entkräften, durch eine gezielte Nutzenkommunikation und gut durchdachte, einfache Lerntools.

PERSÖNLICHE NACHTEILE DES LERNERS IGNORIEREN

Wenn Du die Vorteile von E-Learning adäquat kommunizieren willst, solltest Du die vom Lerner empfundenen Nachteile kennen. Nur dann triffst Du den richtigen Ton und nutzt die richtigen Argumente. Diese drei Nachteile nennen Lerner unserer

Erfahrung nach immer wieder: Im Gegensatz zum klassischen Training bieten E-Learnings keine Gelegenheit, mal aus der vertrauten Büroumgebung herauszukommen und sich einem Thema intensiv zu widmen. Ebenso gibt es selten eine Möglichkeit, dem Trainer direkt Fragen zu stellen. Auch der bereits oben erwähnte fehlende soziale Austausch mit Kollegen wird als Nachteil empfunden. Mach am besten eine kleine Umfrage, um weitere empfundene Nachteile zu ermitteln. Je genauer Du die Verlustängste Deiner Zielgruppen verstehst, umso besser kannst Du sie adressieren.

MOBILE LEARNING AUFSCHIEBEN

Mobile Learning? Das hat Zeit, das mache ich später, wenn ich nicht mehr so viel um die Ohren habe! Falls Du so denkst, irrst Du Dich. Aufschieben ist falsch. Alle nicht mobile-fähig produzierten Inhalte musst Du Dir dann irgendwann noch einmal vornehmen, um sie anzupassen. Erspare Dir diese nervige und langweilige Arbeit. Setze am besten von Anfang an auf Mobile Learning. Achte darauf, dass alle Tools, die Du einkaufst, mobile-fähige Inhalte unterstützen. Das Stichwort lautet hier Responsive Design. Nicht zuletzt tust Du damit Deinen Zielgruppen einen großen Gefallen. Ein Beispiel: Welche Führungskraft sitzt heutzutage noch den ganzen Tag vorm Desktop-Rechner? Sie ist ständig unterwegs und kommuniziert per Smartphone. Mobile Learning ist deshalb keine Aufgabe für die Zukunft, sondern ein Muss, welches Du vorrausschauend vorbereitest.

E-LEARNING IMMER E-LEARNING NENNEN

Es könnte sein, dass das Wort E-Learning in Deinem Unternehmen keinen guten Klang hat. Vielleicht stellen sich Deinen Lernern die Nackenhaare hoch, weil es für sie eines dieser tollen Buzzwords ist, die ihnen in Meetings um die Ohren gehauen werden. Vielleicht verbinden manche auch schlechte Lernerfahrungen mit ihm. Aber wer sagt denn, dass Du E-Learning immer als E-Learning bezeichnen musst? Es gibt viele andere Begriffe, die Du Dir für Dein Lernangebot einfallen lassen kannst. Wie wäre es mit Learning Lounge? Oder LernBar? So weckst du Neugierde beim Lerner und vermeidest negative Gefühle.

E-LEARNING-KOMPETENZ VORAUSSETZEN

Angeboren ist uns die E-Learning-Kompetenz leider nicht. Du solltest Dir also klar darüber sein, dass E-Learning für die allermeisten Lerner eine völlig neue Art ist, sich Wissen anzueignen. Abgesehen davon haben viele noch Lerntechniken aus Schulzeiten im Kopf. Fürs Selbstlernen, wie es E-Learning ermöglicht, ist dieses Bulimie-Lernen wenig geeignet. Die E-Learning- wie auch die Selbstlernkompetenz muss also bei vielen Lernern erst aufgebaut werden. Wir machen Dir das einfach und geben Dir zwei Standardmodule kostenfrei an die Hand. Im ersten Modul geht es darum, wie man E-Learning effektiv für sich nutzt. Im zweiten Modul erfahren Deine Lerner, welche verschiedenen Lerntechniken sie einsetzen können. Interessiert? Schick einfach eine E-Mail an: dirk@bildungsinnovator.de

TOOL-KOMPETENZ MIT KONZEPT-KOMPETENZ VERWECHSELN

Wer Word bedienen kann, schreibt noch lange keinen guten Marketingbrief. Wer ein Autorentool bedienen kann, entwickelt nicht automatisch gute Konzepte für E-Learnings. Tool-Kompetenz erleichtert Dir zwar die Arbeit, aber sie kann nicht all die weiteren Kompetenzen ersetzen, die Du brauchst. Zum Beispiel solltest Du fit in den didaktischen Grundlagen (Dramaturgie, Storytelling etc.) sein. Du brauchst ein Händchen fürs Stakeholder Management. Auch Projektmanagement sollte Dir leicht fallen. Richtig tief ins jeweilige Thema einarbeiten musst Du Dich natürlich auch. Ach ja, und Du solltest richtig gut texten können. Unterschätze den Aufwand für die Konzeptionsarbeit also niemals. Hole Dir Experten heran, die Dich unterstützen.

„WIR BRAUCHEN WAS SPIELERISCHES"

Ab und zu hören wir diesen Wunsch von Kunden. Sie vertrauen auf den Spieltrieb der Teilnehmer und wollen ihnen ein schönes Lernspiel anbieten. Im Grunde ist dagegen nichts einzuwenden. Doch die Möglichkeiten, ein wirklich überzeugendes Spielerlebnis zu schaffen, sind angesichts der Budgetlage in den meisten Unternehmen stark begrenzt. In die Entwicklung von App-Games fließen heutzutage Millionen. Mit kleinem Geld kann man da kaum mithalten. Natürlich weckt die Ankündigung eines Lernspiels die Neugier der Lerner. Nur ist die selbige schnell wieder verflogen, wenn das Spiel die hohen Erwartungen nicht erfüllen kann. Wenn Du trotzdem auf spielerisches Lernen setzen willst, dann lass Dir von den entsprechenden Anbietern Kundenreferenzen zeigen. Frage nach, ob einer dieser Kunden seit mehr als drei Jahren erfolgreich solche Konzepte nutzt. Nach unserer Erfahrung wird das in den wenigsten Fällen so sein. Frage Dich aber auch: Passt ein Spielformat wirklich zum Lernziel? Ist es didaktisch sinnvoll?

ABSTIMMUNGSAUFWAND UNTERSCHÄTZEN

Ein paar Stunden für die Abstimmung einplanen, das wird schon reichen. Halt! Der Abstimmungsaufwand ist in der Regel weitaus höher. Gerne wird er aber unterschätzt. Falls Du diesen Fehler begehst, könnte sich Dein Produktionsprozess länger hinstrecken als geplant. Wenige Stunden reichen einfach nicht, um das jeweilige Produkt mit dem Content Owner und den anderen Beteiligten abzustimmen. Bei einer klassischen E-Learning-Produktion solltest Du von einem Aufwand zwischen drei und fünf Tagen ausgehen. Plane diese Zeit und eventuell nötige Personalressourcen ein, dann bist Du auf der sicheren Seite.

NACH EIGENEM GESCHMACK URTEILEN

Wir können es nicht oft genug sagen: Der Wurm muss dem Fisch schmecken, nicht dem Angler. Entwickle und beurteile Dein Lernprodukt also nicht aus Deiner Perspektive, sondern aus Sicht des Lerners. Selbst als erfahrener E-Learning-Produzent kann es Dir passieren, dass Du die Interessen und Bedürfnisse der Lerner außer Acht lässt. Unser Yummy-Toolkit (www.yummy-toolkit.com) hilft Dir dabei, den Blickwinkel Deiner Zielgruppe einzunehmen. Stichwort Personas! Manchmal wird der Geschmack der Lerner sich mit Deinem decken. Sehr oft wirst Du aber auf Differenzen stoßen – und mit ihnen leben müssen.

VORBEDINGUNGEN, DIE KEINE SIND

Vorbedingungen müssen Vorbedingungen sein. Wenn Du also im Rahmen von Blended Learning vorsiehst, dass die Lerner vor dem Präsenztraining ein E-Learning absolviert haben, muss das auch verbindlich für alle gelten. Teilnehmer ohne E-Learning haben dann nichts im Training zu suchen. Ansonsten leidet Deine Glaubwürdigkeit und Du verprellst die pflichtbewussten Lerner. Kommuniziere deshalb klipp und klar, ob ein E-Learning Vorbedingung für die Teilnahme ist oder nur zur Vorbereitung auf freiwilliger Basis dient.

DIE FÜHRUNGSKRÄFTE NICHT EINBINDEN

Du hast ein tolles Lernprodukt geschaffen, Deine Kommunikationskampagne ist exakt auf die Zielgruppen ausgerichtet – eigentlich müsste jetzt alles rund laufen. Doch kaum ein Lerner meldet sich an. Woran liegt's? Du hast leider die Führungskräfte vergessen. Wenn diese nicht von E-Learning überzeugt sind, wird sich wahrscheinlich keiner ihrer Mitarbeiter für die Teilnahme entscheiden. Du solltest die Führungskräfte deshalb von Anfang an in die Kommunikation einbinden. Denn eine Führungskraft, die überzeugt ist vom Nutzen von E-Learning für das Unternehmen, wird ihr Team zur Teilnahme motivieren. Mache sie zu einem Fan von E-Learning, dann klappt es auch mit den Lernern.

VOLLSTÄNDIGKEITSANSPRUCH REALISIEREN

Kommt dieser Inhalt ins E-Learning oder nicht? Wer bei dieser Frage auf Nummer sicher gehen will, nimmt den Inhalt auf – und endet mit einem inhaltlich völlig überfrachteten Produkt. Alles drin, Vollständigkeitsanspruch realisiert, aber kein Lerner kriegt so viele Lerninhalte zwischen die Ohren. Der Grund für diesen kognitiven Overload: Unkenntnis der Zielgruppe. Wenn Du nicht weißt, was Deine Zielgruppe braucht und will, kannst Du nicht gezielt die richtigen Inhalte auswählen. Damit Du nie in diese Falle tappst, empfehlen wir Dir unser Yummy-Toolkit (www.yummy-toolkit.com): Die Qualitätskriterien helfen Dir, ein wirklich zielgruppenrelevantes Produkt zu entwickeln.

LEARNING ON DEMAND VERNACHLÄSSIGEN

Einer der größten Trends im E-Learning: Lernen auf Vorrat weicht immer stärker einer Kombination aus Vorratslernen und Learning on demand. Warum ist das so? Das gesamte Wissen zu einem Thema per Lernen auf Vorrat zu vermitteln, ist meist kontraproduktiv. Der Lerner soll eine Menge Dinge lernen, die er selten oder sogar nie brauchen wird. Da ihm die Motivation fehlt, speichert sein Gehirn dieses Wissen erst gar nicht ab. Daher ist es sinnvoll, den Wissensberg nach dem Pareto-Prinzip einzuteilen: Die für Dein Unternehmen wertvollsten 20 Prozent des Wissens vermittelst Du per Lernen auf Vorrat. Die restlichen 80 Prozent stellst Du als Learning on demand bereit. Ein weiterer guter Auswahlfilter ist der Anwendungs-zeitpunkt: Soll der Lerner den jeweiligen Lerninhalt in den nächsten zwei Wochen anwenden? Falls ja, spricht das für Lernen auf Vorrat. Denn das Wissen hat eine hohe Praxisrelevanz. Falls nein, wandert der Inhalt ins Learning-on-demand-An-gebot. Dort ist es dann bei Bedarf vom Lerner abrufbar. Der Lerneffekt ist wesentlich höher, denn der Lerner erhält auf seine Frage eine sofort umsetzbare Antwort.

DU WILLST DIE BESTEN TRAININGS, E-LEARNINGS UND BLENDED

DANN HABEN WIR DA ETWAS FÜR DICH:

DREI TOOLS, DIE DICH EINFACH, KLAR UND

DREI TOOLS, DIE DICH WEITERBRINGEN

LEARNING-KONZEPTE ENTWICKELN?

EFFEKTIV WEITERBRINGEN.

WIR STELLEN SIE DIR HIER KURZ VOR.

AUSSERDEM HABEN WIR FÜR JEDES TOOL EINE WEBSITE GEBASTELT, AUF DER DU NOCH MEHR ERFÄHRST.

1. YUMMY-TOOLKIT

Trainings besser zubereiten! So lautet das Motto dieses überaus gehaltvollen Tools. Denn mit dem Yummy-Toolkit gelingen Dir Deine Trainings und E-Learnings richtig gut: Welche Zutaten brauchst Du? Worauf kommt es bei der Zubereitung an? Mit welchen Gewürzen rundest Du Deine Kreationen ab? Bei all dem hilft Dir das Yummy-Toolkit.

Das Yummy-Toolkit ist kostenfrei und kommt in Booqi-Form zu Dir. Ein Booqi ist ein besonders smarter Faltflyer, den Du immer schnell zur Hand hast. Am Schreibtisch, im Meeting und unterwegs.

Bestellen kannst Du den Faltflyer auf der Website www.yummy-toolkit.com. Dort findest Du auch Videos, die Dir beim Anwenden des Toolkits helfen, zwei Quick-Checks und weitere Tipps.

WWW.YUMMY-TOOLKIT.COM

2. BLENDED-LEARNING BAUKASTEN

Ein tolles Ding, dieser Baukasten. Fast 700 Teile haben wir in ihn hineingepackt. Damit Du ganz einfach wirksame Blended-Learning-Konzepte bauen kannst. Geeignet ist der Baukasten für Deine internen Workshops ebenso wie für Deine persönliche Inspiration und Konzeptionsarbeit.

Der Baukasten enthält unter anderem drei wiederverwendbare Poster, auf denen Du die Management Summary, die Learner Journey und den Kommunikationsplan planen und visualisieren kannst. Sehr praktisch für Workshops! Weiterer großer Vorteil: Wenn Du einem Stakeholder erklären willst, was Du vorhast, zeigst Du ihm einfach die fertigen Poster.

Außerdem ist eine Anleitung dabei, die Dir Schritt für Schritt zeigt, wie Du ein überzeugendes Blended-Learning-Design entwickelst.

Was ist noch drin? 20 Karten für digitale Methoden, 33 Karten für Präsenzmethoden, 15 Karten für Kommunikationsmethoden sowie Lernzielkarten, Kommunikationskarten, Stifte, Yummy-Toolkit, Yummy-Sticker.

Möchtest Du den Blended-Learning Baukasten ausprobieren, bevor Du ihn bestellst? Wir bieten mehrmals im Jahr kostenfreie Kreativworkshops an. Einen Tag lang kannst Du gemeinsam mit anderen mit dem Baukasten arbeiten.

Schreib uns einfach eine Nachricht über die Website. Dort findest Du auch weitere Infos.

WWW.BLENDED-LEARNING-BAUKASTEN.COM

3. E-LEARNING MASTERKURS

Halt mal, das kommt mir bekannt vor! Das wird Dir sicher durch den Kopf schießen, wenn Du Dir dieses Tool anschaust. Es ist nämlich die Online-Version dieses Buch-Kurses. In rund 90 Videos erklären wir Dir (fast) alles, was Du über E-Learnings wissen musst.

Also: Schau doch mal rein! Der Video-Kurs ist eine tolle Ergänzung zum Buch. Und das Buch ist natürlich eine ausgezeichnete Ergänzung zu den Videos.

Hier geht's zur Anmeldung für den Online-Masterkurs:

WWW.E-LEARNING-MASTERKURS.COM

Impressum

Bibliografische Information der Deutschen Nationalbibliothek: Die Deutsche Nationalbibliothek verzeichnet diese Publikation in der Deutschen Nationalbibliografie; detaillierte bibliografische Daten sind im Internet über http://d-nb.de abrufbar.

Für Fragen und Anregungen: dirk@bildungsinnovator.de

2. Auflage 2018

© by eLearning Manufaktur GmbH, Erkrather Straße 401, 40231 Düsseldorf, vertreten durch Adolf Rudolf Riegler

ISBN 978-3-981978803

Texte: Mirja Hentrey, Dirk Rosomm
Redaktionelle Mitarbeit: Torsten Schölzel, Berlin
Umschlaggestaltung: Verena Lorenz, München
Layout & Satz: Verena Lorenz, München
Korrektorat: Anna Singer, Grafing
Druck: Design und Druckservice, Köln

Bildnachweis: Cover Andy Roberts (gettyimages.com), S. 6 Jochen Rohlfes, S. 12 FrancisLM (gettyimages.com), S. 16 Mann am ipad: PeopleImages (gettyimages.com), S. 16 Creative #: (gettyimages.com), S. 16 Quiz RichLegg (gettyimages.com), S. 16 Mann Kopfhörer: alvarez (gettyimages.com), S. 16 Computer: Chonlachai (gettyimages.com), S. 16 Kamerao: Bet_Noire (istockphoto.com), S. 16 Frauen am ipad: Highwaystarz-Photography (gettyimages.com), S. 16 Frau Wiese: AzmanL (gettyimages.com), S. 20 Lagerraum: adventtr (gettyimages.com), S. 21 Taschenmesser: Entienou (gettyimages.com), S. 21 Frau in Siegerpose: kieferpix (istockphoto.com), S. 30 Juj Winn (gettyimages.com), S. 35 Albrecht Kresse, S. 38 vitranc (gettyimages.com), S. 51 Ivcandy (istockphoto.com), S. 58 sassy1902 (gettyimages.com), S. 65 Ina Weinbauer-Heidel, S. 66 RADsan (gettyimages.com), S. 70 Nastco (gettyimages.com), S. 72 Sadeugra (gettyimages.com), S. 78 DNY59 (gettyimages.com), S. 85 OJO Images (gettyimages), S. 91 Dieter Lange, S. 92 Buena Vista Images (gettyimages.com), S. 98 Hxdbzxy (gettyimages.com), S. 113 Brunohaver (gettyimages.com), S. 119 Christopher Robbins (gettyimages.com), S. 120 EmiliaU (gettyimages.com), S. 121 Paul Bradbury (gettyimages.com), S. 122 ThemaCX (gettyimages.com), S. 125 Tzido (gettyimages.com), S. 127 mevans (gettyimages.com), S. 131 Axel Koch, S. 136 andriano_cz (gettyimages.com), S. 151 Martin Barraud (gettyimages), S. 157 JamesBrey (gettyimages), S. 164 Daisy Daisy (gettyimages.com), S. 168 Tom Merton (gettyimages), S. 169 Yuri_Arcurs (gettyimages.com), S. 170 mihtiander (gettyimages), S. 173 Iolostock (gettyimages), S. 175 John Lund/Sam Diephuis (gettyimages.com), S. 180 und 181 Tobias Wessling, S. 182 istockphoto.com, S. 183 Markus Kolletzky